MATTHIAS F. MANGOLD

grill genuss

FÜR JEDE JAHRESZEIT

MATTHIAS F. MANGOLD

grill genuss

FÜR JEDE JAHRESZEIT

Fotos von Manuela Rüther

KOSMOS

GRILLGENUSS FÜR JEDE JAHRESZEIT

DAS IST *wirklich* WICHTIG

DARAUF KOMMT'S AN! **Hier erläutern wir alles, was zum Gelingen eines Rezepts wirklich wichtig ist. Wenn es sinnvoll ist, mit Bild, sonst auch mal ohne.**

FEUER & FLAMME

Grillvergnügen rund ums Jahr

GRILLEN ZU JEDER JAHRESZEIT – SO LAUTET DIE DEVISE. DENN WER NUR AN WARMEN SOMMERTAGEN WAS AUF DEN ROST LEGT, BRINGT SICH UM EINE MENGE SPASS UND GENUSS. DESHALB: LASSEN SIE SICH VON UNS INSPIRIEREN ...

Grillen liegt im Trend. Was mal als reine Würstchen- und Schweinesteakgeschichte begann, hat sich inzwischen einen verdienten Platz auch in den Herzen von Feinschmeckern erobert. Und das ganz zu Recht: Die Möglichkeiten, feine Mahlzeiten auf Rost und Grillplatte zuzubereiten, sind schier unbegrenzt – egal ob es um Fleisch, Fisch, Gemüse oder Desserts geht. Jede Saison hat ihre kulinarischen Spezialitäten und Highlights, und es gibt tatsächlich keinen Grund, warum dafür nicht ein Grillgerät zum Einsatz kommen sollte.

Wir möchten Sie mit diesem Buch auch dazu anregen, den Grill ganzjährig zu nutzen. Natürlich ist es vor allem im Sommer verführerisch, die Küche, soweit es geht, nach draußen zu verlegen und, so oft es geht, die Abende mit Familie und Freunden im Freien zu genießen. Aber genauso viel Spaß macht es, im Winter eine Party zu geben, bei der die eisigen Temperaturen überhaupt nicht stören. Das offene Feuer beim Anzünden des Holzkohlegrills oder auch die Flammen des Gasgrills: Sie lassen die Kälte vergessen und wärmen nicht nur innerlich. Rundherum Schnee, in einer Hand ein Glas Punsch oder Glühwein, in der anderen die Grillzange – das hat was!

Welcher Grill verwendet wird, ob mit Holzkohle, Gas oder auch elektrisch, spielt gar nicht mal so eine entscheidende Rolle. Viele Rezepte in diesem Buch gehen von einem Gerät mit Deckel aus. Denn die Vorteile liegen klar auf der Hand: Weniger Wärmeverlust bedeutet besseres, kontrolliertes Grillen auch von größeren Stücken Fleisch oder ganzen Fischen. Und räuchern kann man damit auch. Wer einmal einen Grill mit Deckel benutzt hat, wird ihn nicht mehr missen wollen. Trotzdem klappt es natürlich meist auch „oben ohne“.

In die verschiedenen Kapitel haben wir kleine Mottopartys eingeflochten: ein Sommerfest ist dabei, ein Kindergeburtstag, ein Grillabend für Frauen. Denn es ist ja längst nicht mehr so, dass nur Männer die Grillzange schwingen – obwohl die, zugegebenermaßen, die Damen nicht unbedingt gerne an den angestammten Platz am Feuer ranlassen ...

Wie auch immer: Genießen Sie viele schöne und entspannte Stunden beim Grillen zu allen Jahreszeiten. Und lassen Sie es sich schmecken!

KOHLE ODER GAS

Welcher Grill soll's sein?

MITTLERWEILE GIBT ES EINE RIESIGE AUSWAHL AN GRILLGERÄTEN IN ALLEN GRÖSSEN, AUSFÜHRUNGEN UND PREISKATEGORIEN. BEVOR SIE SICH ZUM KAUF ENTSCHEIDEN, SOLLTEN SIE HERAUSFINDEN, WELCHER GRILLTYP SIE SIND UND WELCHER GRILL DER RICHTIGE FÜR SIE IST.

HOLZKOHLEGRILL

Nach dem Lagerfeuer ist das Grillen über Holzkohle wohl die ursprünglichste Form. Lange Zeit war es üblich, offene Grillwannen zu verwenden, doch inzwischen haben sich Grills mit Deckel in unterschiedlichen Formen auf breiter Front durchgesetzt. Holzkohlegrills brauchen keine zusätzliche Technik, d.h., sie können ohne großen Aufwand überall eingesetzt werden. Und sie sind günstiger in der Anschaffung als Gas- oder Elektrogrills.

Als George Stephen 1952 in Chicago in der Metallwerkstatt von Weber Brothers Metallbojen für den Jachtclub fertigte und die zündende Idee hatte, daraus einen Grill zu machen, war ein Prototyp geboren, der bald als „Weber Kugelgrill" weltweit bekannt wurde. Stephen teilte die Boje, eine Hälfte wurde auf drei Beine gestellt und als Grill benutzt, die andere Hälfte als Deckel verwendet.

Durch die Erfindung des Kugelgrills wurde es möglich, auch langsam (indirekt) und größere Fleischstücke zu grillen. Durch regelbare Lüftungsschlitze unten und am Deckel lassen sich Hitze und Luftzufuhr gut regulieren. Zudem ist auch die Luftzirkulation in der Kugel sehr effektiv.

Geheizt wird mit Holzkohlestücken oder gepressten Briketts. Letztere halten die Hitze länger und werden sehr heiß, die stückige Holzkohle wiederum ist schneller und einfacher zu entzünden. Ideal ist daher eine Mischung beider Sorten.

DAS ANZÜNDEN

Auch wenn es schnell brennt: Beim Anzünden sollte man die Finger von Spiritus oder Benzin lassen! Sie sorgen nicht nur für Stichflammen und stellen daher ein großes Sicherheitsrisiko dar, die entstehenden Dämpfe sind darüber hinaus auch noch giftig. Und wer will schon, dass sein Essen nach Benzin schmeckt? Verwenden Sie daher lieber Anzündwürfel aus organischen Stoffen, die mittlerweile sehr gut sind.

Der Grill muss, weil er starke Hitze abgibt, immer mit genügend Abstand (mindestens 1–2 m) zu Hauswänden und brennbaren Materialien im Freien aufgestellt werden, nie unter einem Sonnenschirm oder einer Pergola.

Einen angezündeten Grill sollte man nicht lange unbeaufsichtigt lassen. Auflodernde Flammen in keinem Fall mit Wasser löschen, sondern den Deckel auflegen und die Lüftungsöffnungen schließen.

DIREKT GRILLEN

Bei dieser Methode liegt das Grillgut direkt über den glühenden Kohlen. Sie wird für kleines Grillgut mit kurzer Garzeit, wie z.B. für Steaks, Fleisch- oder Gemüsespieße angewendet. Ob man dies ohne oder mit Deckel (er verkürzt die Garzeit) tut, ist unerheblich. Das Grillgut wird dabei meist einmal gewendet.

INDIREKT GRILLEN

Dafür wird fast immer ein Deckel benötigt. Behelfsmöglichkeiten wie Tontopf oder Blecheimer (siehe Seite 68) sollten die Ausnahme sein. Indirektes Grillen zeichnet sich dadurch aus, dass der geschlossene Grill im Grunde genommen wie ein Backofen benutzt wird. Dafür wird zunächst deutlich mehr Holzkohle als beim direkten Grillen entzündet, um mehr Hitze zu entfachen, die länger hält. Die Glut wird an die Ränder geschoben, während man genau im Zentrum, unter dem Grillgut, eine Aluschale mit Wasser, Bier oder Wein platziert, in die das Fett tropft, verdampft und das Grillgut aromatisiert. Ideal für größere Bratenstücke oder ganze Hähnchen. Um die Hitze über längere Zeit zu halten, sollte man alle 30 Minuten auf jeder Seite 6–8 Briketts nachlegen. Das Grillgut muss bei dieser Methode nicht gewendet werden.

VORTEILE UND NACHTEILE

Die meisten Holzkohlegrills, gerade die einfacheren Ausfertigungen, sind preiswert, unkompliziert und auch von Anfängern leicht zu bedienen. Um Würstchen, Steaks und Gemüse zu grillen, sind sie ideal. Das gilt sogar für kleine Druckguss-Campinggrills, die ab 15 Euro zu haben sind. Wer selten und eher kleinere Portionen grillt, ist damit gut bedient. Anspruchsvollere Grillfans allerdings wählen ein Modell mit Deckel, das deutlich mehr Möglichkeiten bietet.
Kleiner Nachteil: Beim Holzkohlegrill ist für das Anheizen und Erhalten der Hitze über einen längeren Zeitraum, für Umschichten und Nachlegen der Grillkohle schon etwas Zeit und auch Erfahrung nötig. Rauchentwicklung, Geruch, Schmutz durch Asche sind weitere Aspekte, die man berücksichtigen muss.
Wer auf Holzkohlegrills schwört, weil er meint, sie würden ein tolles Aroma an das Fleisch abgeben, muss allerdings enttäuscht werden: Einen nachweisbaren Effekt gibt es nicht, der Kohlenstoff der Holzkohle verbrennt zu geruchlosem Kohlenstoffdioxid. Wer mehr Aroma will, muss räuchern!

GASGRILL

Grills, die mit Flüssiggas (Butan- oder Propangas) befeuert werden, sind inzwischen weit verbreitet. Das kommt nicht von ungefähr, denn sie sind äußerst flexibel: Die Temperatur lässt sich schnell und einfach regulieren und auch über einen längeren Zeitraum konstant halten. Die billigsten Geräte bekommt man schon ab ca. 80 Euro, allerdings lässt deren Qualität zu wünschen übrig.
Gasgrills sind mit mehreren Brennern ausgestattet, die nebeneinander, aber auch ringförmig angeordnet sein können. Achten Sie beim Kauf auf eine Fettwanne, die das abtropfende Bratfett auffängt. Sie sollte gut zugänglich und sicher aufgehängt sein, damit sie nicht bei jedem Stoß gegen den Grill herunterfällt. Gute Gasgrills verfügen über Flammenabweiser über den Brennern. Das sorgt für eine bessere Grundleitung der Hitze und schützt die Flammen vor Fetttropfen.
Viele Gasgrills haben zusätzlich Seitenbrenner, auch Wok-Brenner genannt. Auf dieser Gas-Kochstelle neben dem eigentlichen Grill lassen sich parallel Beilagen zubereiten, die nicht auf dem Rost gegrillt werden.

GRILLEN MIT GAS

Grundsätzlich ändert sich nichts gegenüber dem Holzkohlegrill, allerdings hat man durch die fest stehenden Brenner präzisere Möglichkeiten, das Grillgut zu platzieren und die Hitze zu regeln.
Beim direkten Grillen liegt das Gargut direkt über dem auf die gewünschte Temperatur eingestellten Brenner. Will man über indirekter Hitze grillen, schaltet man einfach einen oder mehrere Brenner aus, legt das Grillgut darüber auf den Rost und schließt den Deckel. Dabei sollte man auch hier eine Fettauffangschale aus Alu unter das Grillgut stellen, am besten auf einen ausgeschalteten Brenner.

VOR- UND NACHTEILE

Gasgrills sind problemlos in der Bedienung und daher auch für Grillanfänger gut geeignet: Die Gasflasche wird angeschlossen und aufgedreht, dann öffnet man den Regler eines Brenners und zündet diesen mit einem Piezo-Zünder oder Streichholz – qualmfrei und sofort. Erst wenn der erste Brenner an ist, werden die nächsten gezündet, stets bei offenem Deckel, um eine Gasverpuffung zu vermeiden.
Die Kontrolle der Temperatur ist einfach – um von starker auf mittlere Hitze zu reduzieren, hilft bereits das Anheben des Deckels für einige Sekunden. Auch das Reinigen des Gasgrills ist simpel. Es geschieht am besten nicht nach dem Grillen, sondern erst vor dem Auflegen des Grillguts. Sobald der Grill heiß ist, wird der Rost mit einer langstieligen, festen Bürste von Rückständen befreit und „ausgebrannt". Nachteile gibt es beim Gasgrill eigentlich keine, außer, dass es dabei etwas emotionsloser zugeht: Hier ist kein Zeremonienmeister, kein Beherrscher des offenen Feuers gefragt, die Flammen sind stets verfügbar – außer man hat vergessen, den Inhalt der Gasflasche zu kontrollieren ...

ELEKTROGRILL

Seit einigen Jahren gibt es hier doch schon recht passable Geräte auf dem Markt. Elektrogrills bieten meist eine kleinere Grillfläche als Holzkohle- oder Gasgrills (ausreichend für ca. 4–6 Personen) und können, weil sie lediglich mit Strom aus der Steckdose betrieben werden, keine allzu große und stabile Hitze erzeugen. Aber dafür entfällt hier das Anzünden und Vorheizen.
Beim Kauf sollten Sie auf stufenlose Temperatursteuerung, Überspannungsschutz und auf Sicherheitsaspekte wie Schutzvorrichtungen gegen Fettbrand Wert legen.

HITZETABELLE

Temperaturen sind beim Grillen wichtig, können aber nicht auf den Grad genau angegeben werden. Daher unterscheiden wir 3 Bereiche mit Schwankungsbreiten:

- Niedrige Hitze: 100–175 °C
- Mittlere Hitze: 175–230 °C
- Starke Hitze: 230–300 °C

Nicht jeder Grill hat allerdings eine Temperaturanzeige, daher gibt es den „Mississippi-Test“. Halten Sie Ihre ausgestreckte Hand etwa 10–12 cm über die glühende Holzkohle und zählen Sie: „1 Mississippi, 2 Mississippi, …“ Je weniger weit Sie zählen können, desto heißer ist die Glut. 2–4 Mississippi entsprechen starker, 5–7 Mississippi mittlerer und 8–10 Mississippi niedriger Hitze.

DAMIT GELINGT'S

Die besten Grillhelfer

MIT DEM RICHTIGEN WERKZEUG AUSGESTATTET, LÄSST ES SICH IMMER BESSER UND LEICHTER ARBEITEN – EGAL OB ES UMS ANZÜNDEN, BEWEGEN ODER KONTROLLIEREN DES GRILLGUTS GEHT. HIER STELLEN WIR IHNEN DAS WICHTIGSTE GRILLZUBEHÖR VOR.

ANZÜNDKAMIN

Wer viel grillt und ihn mal ausprobiert hat, lernt ihn zu schätzen, denn ein Anzündkamin sorgt rasch für gleichmäßige Glut. Er ist geteilt in eine große obere Kammer (für Holzkohle oder Briketts) und eine kleine untere Kammer für Papier oder Grillanzünder. Der Kamineffekt saugt dabei Luft von unten an und sorgt für eine rasche Ausbreitung der Hitze. Nach 20–25 Minuten kann die Glut in den Grill gekippt werden. Gute Grillkamine haben einen wärmeisolierten Griff. Achten Sie beim Kauf darauf, die Größe des Kamins an die Größe Ihres Grills anzupassen.

GRILLBÜRSTE

Wer vor und nach dem Grillen den Rost mit einer Bürste aus rostfreiem Stahldraht reinigt, kann sich langwieriges Putzen sparen. Ideal ist ein Modell mit langem Stiel, damit die Hände nicht der Hitze ausgesetzt sind. Varianten mit Metallkratzer auf der einen und Schwamm auf der anderen Seite taugen nicht viel.

GRILLZANGE
Sie ist ein unerlässliches Hilfsmittel beim Grillen. Mit ihr wird das Grillgut auf dem Rost platziert, bewegt und gewendet. Man kann damit auch die Holzkohle umverteilen, etwa von direkter zu indirekter Hitze. Natürlich benötigt man dann zwei unterschiedliche Zangen. Es gibt sie mit Silikonbacken am unteren Ende (gut für empfindliche, rohe Ware) oder auch in Ganzmetall-Ausführung, die für Fleisch und Gemüse gedacht ist. Vermeiden Sie es, Grillgut mit einer Gabel anzustechen und dann zu wenden, denn jede Verletzung des Fleisches führt dazu, dass wertvoller Saft austritt!

METALLSPATEL
Was die Grillzange für Steaks und Würstchen ist, ist der breite Metallspatel aus Edelstahl für Burger, Fischfilets und Gemüse. Sie lassen sich damit großflächig von Rost, Grillblech oder -platte lösen oder auch umschichten.

PINSEL
Moderne Grillpinsel sind aus Metall, mit Silikonborsten und Noppen am vorderen Ende. Sie sind besser geeignet als Pinsel aus Naturhaar, um das Grillgut mit Öl oder Marinade zu bestreichen.

THERMOMETER
Fleischstücke, die dicker als 3 cm sind, prüft man besser nicht über Fingerdruck, sondern man kontrolliert die Kerntemperatur mit einem Thermometer. Sehr exakt sind digitale Modelle, mit denen man die Temperatur an der dicksten Stelle des Fleisches misst. Nicht zu oft einstechen und das Fleisch danach nicht mehr umdrehen, um Tropfen zu vermeiden.

GRILLBLECH
Diese großen, viereckigen Grillpfannen aus Edelstahl sind perfekt zum Grillen von empfindlichem Fisch oder kleinerem Grillgut wie Gemüsestreifen, die sonst durch den Rost in die Glut fallen würden. Es gibt sie meist gelocht oder geschlitzt, sodass die Hitze leicht ans Grillgut gelangen kann.

GRILLPLATTE
Viele Gasgrills sind bereits standardmäßig mit einer Grillpatte aus Gusseisen ausgestattet. Dabei ist oft eine Seite glatt, die andere geriffelt, was für das typische Grillmuster sorgt. Diese Platten sind ideal, um Grillgut zu bepinseln oder etwas Flüssigkeit zuzugeben, weil hier nichts in die Glut tropfen kann.

SPIESSE
Einfache Schaschlikspieße aus Holz sind gut geeignet. Allerdings sollte man sie vor Gebrauch 20–30 Minuten in Wasser einlegen, damit sie auf dem Rost nicht verkohlen oder anbrennen. Noch besser sind Metallspieße, idealerweise flache.

FISCHKÖRBE
Um ganze Fische zuzubereiten, sind diese aufklappbaren Körbe, die es in vielen unterschiedlichen Größen und Formen gibt, ideal. Der Fisch kann darin nicht auseinanderfallen, die Haut nicht am Rost festkleben und er lässt sich so ganz einfach wenden. Vor dem Auflegen den Korb mit Öl rundum bepinseln, um ein Anbacken zu verhindern.

ALUSCHALEN
Einweg-Aluschalen können beim Grillen vielfältig eingesetzt werden: um rohes oder fertig gegartes Grillgut zu transportieren, um darin Holzchips einzuweichen oder als Tropfschalen unter dem Rost beim indirekten Grillen. Aluschalen mit Löchern oder Schlitzen erfüllen die gleiche Funktion wie Grillbleche und sind daher gut geeignet, um darin zu grillen.

GUSSEISENPFANNE
Sie lässt sich nicht nur einsetzen, um ein Steak darin an einer Randzone des Grills nachgaren zu lassen, sondern in ihr kann alles zubereitet werden, wofür man sonst einen normalen Herd benutzt. Kurzstielige Pfannen sind ideal, weil sich dann der Grilldeckel noch gut schließen lässt.

HANDSCHUHE
Sich beim Hantieren mit Kohle, beim Regulieren der Lüftungsschlitze im Deckel oder – besonders bei größeren Grills – beim Wenden des Grillguts im hinteren Bereich des Rostes die Finger oder Arme zu verbrennen, ist sehr schmerzhaft. Grillhandschuhe mit längeren Stulpen als Schutz für die Unterarme sind daher sehr zu empfehlen.

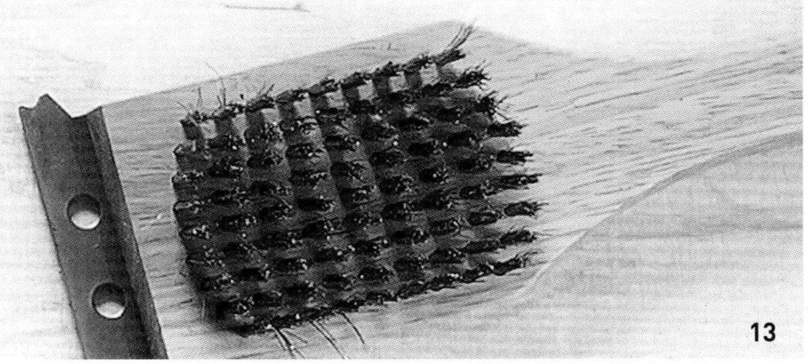

FLEISCH & GEFLÜGEL

Ein paar Grundlagen

BEI DEN REZEPTEN IST ZWAR STETS ANGEGEBEN, WIE DAS ENTSPRECHENDE STÜCK FLEISCH AM BESTEN ZUBEREITET WIRD. DOCH HIER NOCHMAL EIN PAAR NÜTZLICHE TIPPS, AUCH WAS EINKAUF UND VORBEREITUNG BETRIFFT.

DER EINKAUF

Frischware zu kaufen, ist stets Vertrauenssache, und das gilt ganz besonders für Fleisch. Für Rindersteaks etwa ist es besonders wichtig, gut abgehangenes (also ca. 2 Wochen gereiftes) Fleisch zu bekommen. Auch sollte es nicht ganz mager, sondern fein marmoriert sein. Die feinen Fettadern zergehen beim Grillen und sorgen dafür, dass die Steaks saftig und aromatisch werden.

Wer gerne und oft Rindfleisch grillt, sollte zugreifen, wenn er einen ganzen Strang Roastbeef (ca. 4–6 kg) erstehen kann, vom Metzger als Ganzes vakuumieren und im Null-Grad-Fach des Kühlschranks für 6–8 Wochen nachreifen lassen. Oder man kauft im Großmarkt bereits vakuumierte Ware aus Argentinien oder Uruguay, die beim Kauf bis zu 4 Monate gereift sein kann und wegen des geringen Wasseranteils butterzart wird. Steaks in gewünschter Dicke abschneiden, was nicht gleich gegrillt wird, kann einzeln eingefroren werden. Schweinefleisch, Kalb und Geflügel müssen ganz frisch gekauft und weiterverarbeitet werden. Metzger und Händler sind verpflichtet, die Herkunft ihrer Ware offenzulegen. Das Gütesiegel BQP (Basisqualitätsprüfung) zeigt an, dass nur gesunde Tiere geschlachtet wurden. Schweinefleisch sollte dunkelrosa sein, nicht blass, weiß oder rot. Die Schnittflächen müssen fast trocken sein, nasses Fleisch deutet auf schlechte Aufzuchtbedingungen hin. Geflügel sollte straff anliegende Haut ohne trockene Stellen und Flecken haben.

DIE VORBEREITUNG

Fleisch zum Grillen wird oft bereits mariniert verkauft. Dabei werden allerdings häufig Zusätze wie Geschmacksverstärker und Konservierungsstoffe verwendet, deshalb ist es besser, das Fleisch ungewürzt zu kaufen und selbst einzulegen (siehe Seite 73). Lamm bringt einen zarten Eigengeschmack mit und sollte daher nicht zu intensiv mariniert werden.

Fett ist Geschmacksträger und lässt das Fleisch bei der Zubereitung saftiger werden. Jedoch sollte man bei einem Steak mit Fettauflage diese ein paarmal einschneiden, denn Fett zieht sich beim Garen zusammen und verändert so die Form des Stückes. Fleisch vor dem Grillen „parieren", also Sehnen, Häutchen und auch unerwünschte Fettanteile entfernen.

FLEISCH GRILLEN

Kleinere und dünnere Fleischstücke wie Putenschnitzel, Kammsteaks vom Schwein oder Lammlachse sind beim Grillen unproblematisch. Sie werden meist über direkter mittlerer bis starker Hitze gegrillt und sind in wenigen Minuten fertig. Gewendet wird dabei nur einmal und erst, wenn sich das Fleisch leicht vom Grillrost löst. Die Stücke auch möglichst wenig bewegen, damit die Oberfläche nicht aufbricht und austrocknen kann.

Anders sieht es bei größeren und dickeren Stücken ab ca. 3 cm aus. T-Bone-Steaks von etwa 700 g müssen anfangs mehrmals horizontal gedreht und einmal gewendet werden, damit die Hitze überall gleichmäßig hingelangt. Sie werden scharf angegrillt und anschließend über indirekter Hitze unter einmaligem Wenden fertig gegart.

Ob ein Steak gar ist, erkennt man, wenn man mit dem Finger daraufdrückt: Gibt das Fleisch elastisch nach, ist es medium rare, also innen noch schön saftig. Nach dem Grillen immer einige Minuten ruhen lassen, bevor man es anschneidet, damit sich die Fleischsäfte gleichmäßig verteilen können.

Schweinefleisch sollte gleichmäßig durchgegart werden. Die Kerntemperatur beträgt dann ca. 65 °C.

GEFLÜGEL GRILLEN

Geflügel muss immer durchgegart werden. Misst man mit einem Thermometer an der dicksten Stelle, ohne den Knochen zu berühren, sollte die Kerntemperatur 75–80 °C betragen. Oder man sticht mit einem kleinen Messer ein: Ist der Fleischsaft klar und das Fleisch am Knochen nicht mehr rosa, kann es serviert werden.

FRISCH GEFANGEN

Fisch & Meeresfrüchte grillen

SIE SIND EINE KÖSTLICHE ABWECHSUNG AUF DEM GRILL, AUCH WENN IHRE ZUBEREITUNG – DAS GILT VOR ALLEM FÜR FISCH – FÜR VIELE EINE ECHTE HERAUSFORDERUNG IST. DOCH MIT EIN PAAR TIPPS UND UNSEREN REZEPTEN WOLLEN WIR VERSUCHEN, IHNEN DIE SCHEU DAVOR ZU NEHMEN.

DER EINKAUF

Bei allem, was aus dem Wasser kommt, ist Frische entscheidend. Fisch darf nicht fischig riechen, höchstens nach Meer, Jod und Algen. Bei ganzen Fischen sollten die Kiemen leuchtend rot und feucht sein, die Augen klar, die Haut metallisch glänzend mit fest sitzenden Schuppen. Frischer Fisch sollte möglichst am Tag des Einkaufs verarbeitet werden. Am besten lassen Sie ihn vom Fischhändler ausnehmen und entschuppen, die Filets eventuell enthäuten.
Die mit dem MSC-Siegel (Marine Stewardship Council) gekennzeichneten Fische oder auch Meeresfrüchte stammen aus nachhaltigem Wildfang und sind den in Aqua-Kultur gezüchteten vorzuziehen. Seien Sie immer dann skeptisch, wenn Fisch sehr günstig angeboten wird – er stammt meist aus Turbozucht unter Einsatz von Hormonen und Medikamenten. Verzichten Sie auf exotischen oder gefährdeten Fisch und greifen Sie stattdessen lieber auf heimische Süßwasserfische zurück.

Tiefkühl-Fisch ist übrigens viel besser als sein Ruf. Meist werden die Fische sofort nach dem Fang noch auf dem Schiff zerlegt und schockgefroren. Wichtig ist, dass der Fisch möglichst rasch nach dem Auftauen verarbeitet wird.

DIE VORBEREITUNG

Am besten zum Grillen geeignet sind festfleischige Fische und auch solche mit hohem Fettanteil (z.B. Lachs, Barsch), bei denen die Gefahr, dass sie beim Grillen austrocknen, geringer ist:

- Ganze Fische: Forelle, Wolfs- und Zackenbarsch, Rotbarbe, Red Snapper, Dorade
- Fischfilets oder -steaks: Schwertfisch, Thunfisch, Lachs, Tintenfisch, Kabeljau
- Meeresfrüchte: Garnelen, Hummer, Jakobsmuscheln, Miesmuscheln

Filets und Steaks vor dem Grillen auf Gräten hin überprüfen und diese gegebenenfalls mit einer Pinzette entfernen. Fisch sollte man deutlich kürzer als Fleisch marinieren. Für Filets reichen 30 Minuten bis maximal 1 Stunde.

Gambas oder Garnelen kann man mit und ohne Schale grillen, allerdings sollte man in jedem Fall den Darm entfernen. Dazu dreht man zunächst den Kopf ab und ritzt den Rücken mit einem scharfen Messer ein Stück ein. Den Darm, einen deutlich sichtbaren schwarzen Faden, dann vorsichtig herausziehen.

ZUBEREITUNG

Fischfilets werden zuerst mit der Hautseite nach oben über starker direkter Hitze gegrillt, falls vorhanden bei geschlossenem Deckel, und nur einmal gewendet. Sobald sie sich leicht vom Rost oder der Grillplatte lösen lassen, dreht man sie mit einer Grillzange oder einem Spatel um. Auf der Hautseite dann nur noch so lange grillen, bis diese schön knusprig ist. Die Garzeit ist dabei etwas kürzer als auf der ersten Seite. Um zarte Filets zu schützen, kann man sie auch in Alufolie oder Bananenblätter (siehe Seite 37) wickeln.
Ganze Fische grillt man am besten in einem Fischkorb über indirekter Hitze, damit sie gleichmäßig garen. Lassen sich die Fleischlamellen leicht bis zur Mittelgräte lösen und ist das Fleisch nicht mehr glasig, sondern weiß und saftig, kann der Fisch serviert werden.

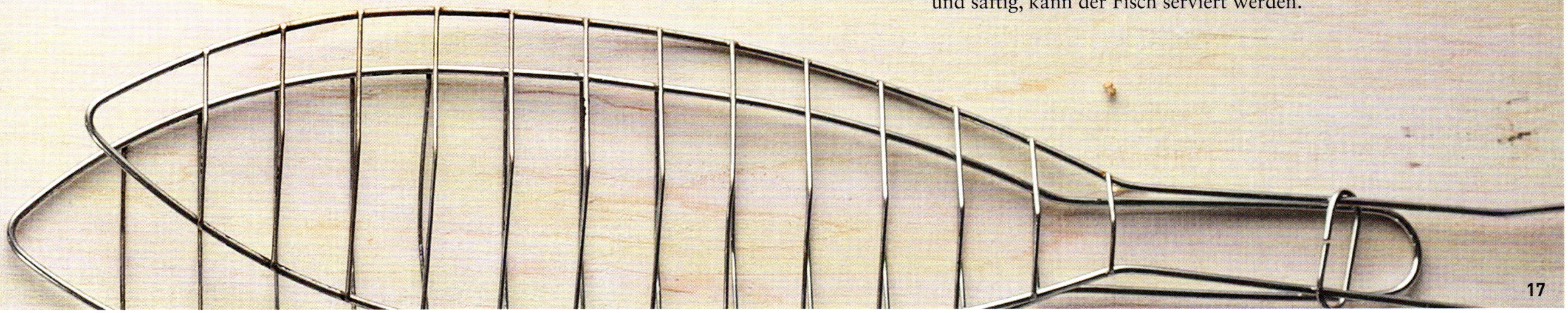

RÄUCHERN
für mehr Geschmack

VIELE TRAUEN SICH NOCH NICHT SO RECHT RAN: DABEI IST DAS RÄUCHERN – EINE DER ÄLTESTEN METHODEN, UM LEBENSMITTEL HALTBAR ZU MACHEN – GAR NICHT SCHWIERIG UND GIBT FLEISCH UND FISCH EIN WUNDERBARES AROMA.

Beim Räuchern wird mit indirekter Hitze gearbeitet, d. h., das Räuchergut wird nicht der Glut ausgesetzt, sondern lediglich dem Rauch. Dies ist in unterschiedlichen Geräten möglich, denen aber eines gemeinsam ist: Um einen Raum zu schaffen, in dem sich der Rauch ausbreiten und eine Zeit lang halten kann, ist ein Deckel erforderlich.

RÄUCHERN MIT HOLZKOHLEGRILL

Zuerst wird der Grill vorbereitet, d. h. die Holzkohle entzündet und zum Glühen gebracht, bis sie die gewünschte weiße Ascheschicht aufweist. Die Glut wird dann auf eine Seite des Grills gelegt, das Grillgut kommt auf die gegenüberliegende Seite auf den Rost. Die abgetropften Holzchips werden auf der Glut verteilt und der Grilldeckel wird geschlossen. Das Holz entzündet sich und der entstehende Rauch aromatisiert das über indirekter Hitze garende Grillgut. Weniger Sauerstoffzufuhr über die Lüftungsschlitze am Deckel und am Boden bedeutet weniger Hitze und damit besseres Räucherverhalten.

RÄUCHERN MIT GASGRILL

Die Hitze lässt sich hier deutlich besser steuern als bei einem Holzkohlegrill. Die abgetropften Holzchips werden in eine Räucherbox mit gelochtem oder geschlitztem Deckel gefüllt und über der direkten Hitze eines Brenners entflammt. Das Grillgut liegt über einem ausgeschalteten Brenner und wird bei geschlossenem Grilldeckel geräuchert.
Eine Räucherbox lässt sich auch ganz einfach selber machen: Holzchips in eine Aluschale legen und mit Alufolie verschließen, in die man Löcher sticht, damit der Rauch entweichen kann.

SMOKER & RÄUCHERGRILL

Diese Geräte sind eher für Spezialisten gedacht, die oft und viel räuchern. Mit einem Smoker, der aus 2 getrennten Kammern besteht (einer kleinen Brennkammer und daneben einer größeren Garkammer), lassen sich auch große Fleischstücke und ganze Fische über Stunden hinweg bei eher niedrigen Temperaturen (ca. 90 °C) kontrolliert räuchern.
Auch im Räuchergrill wird mit niedrigen Temperaturen gearbeitet. Hier sind 3 Bereiche übereinander angeordnet. Zwischen dem unteren Bereich mit dem Brennmaterial und dem oberen Garraum befindet sich als Hitzepuffer eine mit Wasser gefüllte Schale.

DAS RÄUCHERHOLZ

Zum Räuchern braucht man Holzchips oder Holzstücke, die es in großer Auswahl in Baumärkten und Grillfachgeschäften gibt. Die Holzart entscheidet über Intensität und Aroma des Rauchs, die Palette reicht von mild (Erle, Apfel- oder Birnenholz) bis kräftig (Mesquite, Hickory). Verwenden Sie nicht irgendwelche Holzreste: Weiche, harzreiche Sorten wie z. B. Pinie oder andere Nadelhölzer erzeugen beißenden Rauch, der auch gesundheitsschädlich sein kann.
Holzchips müssen vor Gebrauch mindestens 30 Minuten gewässert werden, sonst fangen sie leicht Feuer und verbrennen, ohne Rauch zu erzeugen. Vermeiden Sie den Fehler, gleich mit zu viel Holz zu arbeiten. Bereits 2 Handvoll (sie sorgen, je nach Hitze, für ca. 20 Minuten Rauch) führen in der Regel zum gewünschten Ergebnis. Man kann den Rauch auch noch zusätzlich aromatisieren, z. B. mit verschiedenen Kräutern wie Rosmarin oder Lavendel, aber auch mit Gewürzen, z.B. gewässerten Zimtstangen oder Lorbeerblättern.

WELCOME

FRÜHLING

Die Grillsaison beginnt

DAS MOTTO DES BUCHES LAUTET ZWAR: GRILLGENUSS RUND UMS JAHR. DOCH GEFÜHLSMÄSSIG FÄLLT FÜR VIELE JETZT, WENN DIE ERSTEN WARMEN SONNENSTRAHLEN INS FREIE LOCKEN, DER STARTSCHUSS ZUM ANGRILLEN.

GUT AUFGELEGT

Crostini, Focaccia & Co.

CROSTINI MIT THUNFISCH

2 Handvoll gemischte Kräuter (z. B. Blattpetersilie, Kerbel, Koriander, Basilikum, Rucola), 2 Knoblauchzehen, 4 EL Olivenöl, Salz, Pfeffer, 8 Scheiben Ciabatta oder Baguette, 100 g Thunfischfilet, etwas Limettensaft

Die Kräuter waschen, trocken tupfen und fein hacken. Knoblauchzehen abziehen, ebenfalls fein hacken. Alles mit Olivenöl, Salz und Pfeffer vermischen. Ciabatta oder Baguette auf dem Grill kurz anrösten. Vom Grill nehmen und mit der Kräuterpaste bestreichen. Thunfischfilet in sehr dünne Scheiben schneiden und auf die bestrichenen Brotscheiben legen. Über direkter mittlerer Hitze (ca. 200 °C) und bei geschlossenem Deckel 2 Minuten grillen. Vor dem Servieren mit Salz würzen und mit Limettensaft beträufeln. Schmeckt auch mit Seeteufelscheiben.

CROSTINI MIT HÜHNERLEBER

200 g Hühnerleber, 1 kleine rote Zwiebel, 1–2 Knoblauchzehen, 2 getrocknete Tomaten, 1 EL Olivenöl, ½ EL Butter, 1 Schuss Marsala, 1 EL Kapern, Salz, Pfeffer, 2 EL gehackte Petersilie, 8 Scheiben Ciabatta oder Baguette

Die Hühnerleber putzen und waschen, in grobe Stücke schneiden. Zwiebel und Knoblauchzehen abziehen und fein hacken. Getrocknete Tomaten sehr fein hacken. Den Grill auf niedrige Temperatur (ca. 150 °C) vorheizen. Die Zwiebeln in Olivenöl und Butter in einer gusseisernen Grillpfanne andünsten, die Hühnerleber dazugeben und kräftig anbraten. Dann den gehackten Knoblauch zugeben. Mit einem Schuss Marsala ablöschen, die zerdrückten Kapern dazugeben. Die Pfanne an den Rand des Grills schieben, etwas nachköcheln lassen. Mit Salz, Pfeffer und Petersilie würzen. Mit dem Stabmixer pürieren oder mit einer Gabel gut zerdrücken. Auf dem Grill die Weißbrotscheiben kurz anrösten und mit der Leberpaste bestreichen. Die Paste hält sich im Kühlschrank ca. 3 Tage.

CROSTINI MIT MOZZARELLA

250 g Büffel-Mozzarella, 2 Knoblauchzehen, 6 Sardellenfilets, 1 kleines Bund Blattpetersilie, 1 EL Kapern, 1–2 EL Olivenöl, Pfeffer, 8 Scheiben Ciabatta oder Baguette

Mozzarella in dünne Scheiben schneiden. Knoblauchzehen abziehen und fein hacken. Sardellenfilets abtupfen und klein schneiden. Petersilie fein hacken. In einem Mörser den Knoblauch mit Sardellenfilets und Kapern zu einer Paste zerstoßen. Die gehackte Petersilie dazugeben und langsam das Olivenöl einlaufen lassen. Mit Pfeffer würzen. Die Brotscheiben mit der Paste bestreichen und 1–2 Minuten bei niedriger Temperatur (ca. 150 °C) auf die Grillplatte oder das Grillblech legen. Mit Mozzarella belegen.

BRUSCHETTA MIT ZIEGENKÄSE

2 große Tomaten, etwas Olivenöl zum Grillen, 4 Scheiben Bauernbrot, 1 Knoblauchzehe, 100 g Ziegenfrischkäse, Salz, Pfeffer, 2 EL gehackte Basilikumblätter

Den Grill auf mittlere Temperatur (ca. 180 °C) vorheizen. Die Tomaten quer in dicke Scheiben schneiden. Mit Olivenöl bepinseln und auf der Grillplatte von beiden Seiten angrillen. 4 Scheiben Bauernbrot auf jeweils einer Seite mit Knoblauch einreiben und mit etwas Olivenöl beträufeln. Mit der trockenen Seite nach unten auf dem Grill rösten. Zum Servieren Ziegenfrischkäse auf die Brote streichen, mit Tomatenscheiben belegen, mit Salz, Pfeffer und gehacktem Basilikum würzen.

FOCACCIA MIT TOMATEN

400 g Mehl, 2 TL Salz, 20 g frische Hefe, 200 ml Wasser, 2 EL Olivenöl, 7 getrocknete Tomaten

Das Mehl in einer Schüssel mit Salz mischen. Die Hefe zerbröseln und in warmem Wasser auflösen, das Olivenöl dazugeben und zum Mehl in die Schüssel gießen. Zu einem homogenen Teig verkneten und mindestens 1 Stunde gehen lassen. Die getrockneten Tomaten fein hacken und unter den Teig kneten. Aus dem Teig 1–2 ovale Fladen formen, mit einem scharfen Messer 2- bis 3-mal schräg einritzen und mit etwas warmem Wasser bestreichen. Den Grill auf hohe Temperatur (ca. 250 °C) vorheizen. Die Focacce auf der Grillplatte über indirekter Hitze bei geschlossenem Deckel ca. 20 Minuten backen.

Gut schmecken die Brotfladen auch, wenn man statt der getrockneten Tomaten 100 g gehackte schwarze Oliven, 1 gehackte rote Zwiebel und 2 EL gehackten Rosmarin und Thymian unterknetet.

ROTE BETE
im Salzmantel

Für 4 Vorspeisen

- 2 Scheiben Pumpernickel
- 1 große oder 4 kleine Rote Beten
- 3 TL Kümmel
- 3 TL Kreuzkümmel
- 3 TL schwarzer Kümmel
- 1 kg grobes Meersalz
- ca. 120 ml Wasser
- 6 Austern
- 4 EL Erdnussöl
- 2 EL Essig
- schwarzer Pfeffer aus der Mühle
- Fleur de Sel
- 3 Frühlingszwiebeln
- Kerbel zum Garnieren

Zeitbedarf
- 20 Minuten
- ca. 60 Minuten grillen

Grillunterlage
- Grillplatte oder Grillblech

So geht's

1. Pumpernickel über Nacht auf Küchenpapier trocknen lassen, zerbröseln und beiseitestellen. Den Grill auf mittlere Hitze (ca. 200 °C) vorheizen.
2. Rote Bete waschen, Stielreste abschneiden. Die Kümmelsorten im Mörser zerstoßen. Meersalz in einer Schüssel mit Wasser übergießen, Kümmel dazumischen. 1/4 der Salzmischung auf Backpapier aufhäufeln und die Rote Bete daraufsetzen. Restliches Salz darüber verteilen, gut andrücken, sodass nichts mehr vom Gemüse sichtbar ist. Das Backpapier auf die Grillplatte bzw. das Blech heben, ca. 60 Minuten bei geschlossenem Deckel grillen.
3. Die Austern öffnen, das Wasser auffangen, mit Öl, Essig und Pfeffer verrühren. Austern klein würfeln, in die Marinade geben, kalt stellen. Die Frühlingszwiebeln putzen und hacken.
4. Rote Bete vom Grill nehmen, Salzkruste aufklopfen und abheben. Die Knolle schälen und in Scheiben schneiden. Mit Austern-Vinaigrette anrichten, mit Fleur de Sel, Frühlingszwiebeln und Pumpernickel bestreuen, mit etwas Kerbel garnieren.

Dazu passt ein Glas Sekt oder Crémant.

SO SCHMECKT'S AUCH | VEGETARISCH **Dafür die Austern durch 2–3 EL gehackte Kapern ersetzen. Statt Erdnussöl ein hochwertiges Olivenöl verwenden.**

ROTE BETE
mit Ziegenfrischkäse

Zutaten für 4 Portionen

- 4 kleine Rote Beten
- 4 EL Olivenöl
- Salz
- schwarzer Pfeffer aus der Mühle
- Saft von ½ Bio-Zitrone
- 2 Knoblauchzehen
- 200 g Wildkräutersalat oder Mischsalat
- 3 EL Essig
- 5 EL Olivenöl
- ½ TL Senf
- ½ TL Zucker
- 4 Scheiben Ziegenfrischkäse

Zeitbedarf
- 20 Minuten
- 12–15 Minuten grillen

Grillunterlage
- Grillplatte oder Grillblech

So geht's

1. Die Roten Beten schälen, die Enden entfernen. Die Knollen in ca. 1 cm dicke Scheiben schneiden. Olivenöl mit Salz, Pfeffer und Zitronensaft mischen und die Scheiben damit bepinseln. Grill auf mittlere Hitze (ca. 200 °C) vorheizen.
2. Die Rote-Bete-Scheiben über direkter Hitze bei geschlossenem Deckel 12–15 Minuten grillen. Dabei gelegentlich wenden und darauf achten, dass sie nicht zu braun werden. Die leicht angedrückten Knoblauchzehen mit Schale dazulegen.
3. Den Salat waschen und trocken schleudern. Essig, Olivenöl, Senf und Zucker, am besten in einem Schraubglas, gut vermischen.
4. Den Salat auf tiefe Teller verteilen und mit der Vinaigrette beträufeln. Die Rote-Bete-Scheiben und je 1 Scheibe Ziegenfrischkäse dazulegen, mit etwas Olivenöl beträufeln.

Dazu passt ein Grüner Veltliner.

PFANNKUCHENROLLE

mit Frischkäse und Schinken

KOMMT BEI GROSS UND KLEIN GUT AN: EIN SAFTIGER PFANNKUCHEN, VARIANTENREICH GEFÜLLT, DEN MAN WARM ODER KALT GENIESSEN KANN.

Zutaten für 4 Portionen

- ⅓ Bund Rucola
- 5 Eier
- 100 ml Milch
- 100 ml Mineralwasser
- 100 g Mehl
- Öl zum Bestreichen
- 4 Frühlingszwiebeln
- 1 Handvoll Basilikum
- 10 schwarze Oliven ohne Stein
- 4 Sardellen
- 100 g gekochter Schinken
- 300 g Frischkäse
- 1 EL Sahnemeerrettich
- 125 g Crème fraîche
- Salz
- schwarzer Pfeffer aus der Mühle
- Cayenne-Pfeffer

Zeitbedarf

- 25 Minuten
- ca. 10 Minuten grillen

Grillunterlage

- Grillplatte oder Blech
- Backpapier

So geht's

1. Den Grill auf starke Hitze (ca. 250 °C) vorheizen. Den Rucola putzen, waschen und trocken tupfen. Aus Eiern, Milch, Mineralwasser und Mehl einen glatten Teig rühren.
2. Backpapier auf die Grillplatte oder auf ein Blech legen und mit Öl bepinseln. Den Teig daraufgießen, dünn und glatt verstreichen und den Rucola darauf verteilen. Bei geschlossenem Deckel über indirekter Hitze 5–10 Minuten grillen [→a].
3. In der Zwischenzeit die Frühlingszwiebeln putzen und die weißen Teile in Röllchen schneiden. Basilikumblätter waschen, trocken tupfen, klein schneiden. Die Oliven in Scheiben schneiden, die Sardellen hacken, den Schinken klein würfeln. Alle Zutaten in einer Schüssel mit Frischkäse, Sahnemeerrettich und Crème fraîche vermischen, mit Salz, Pfeffer und etwas Cayenne-Pfeffer würzen.
4. Den Pfannkuchen vom Grill nehmen und etwas auskühlen lassen. Dann die Frischkäsefüllung darauf verstreichen und den Pfannkuchen aufrollen [→b]. Eventuell nochmal für maximal 3 Minuten ohne Backpapier von allen Seiten angrillen. Dann schräg in dicke Scheiben schneiden und anrichten.

Dazu passen ein gemischter Blattsalat und ein Glas Blanc de Noir.

Die Variante

Mit Fischfüllung
300 g Frischkäse, 2 EL gehackter Dill, 2 EL heller Weinessig, Salz, schwarzer Pfeffer aus der Mühle, 2 EL fein gehackter Ingwer, 1 EL fein gehackter Knoblauch, 300 g Räucherlachs, 300 g Seeteufelfilet, etwas Eichblattsalat

Den Frischkäse mit Dill, Essig, Salz, Pfeffer, Ingwer und Knoblauch in einer Schüssel verrühren. Den Räucherlachs in Scheiben, den Seeteufel in sehr dünne Scheiben schneiden. Den Pfannkuchen mit der Frischkäsemischung bestreichen. Die Fischscheiben abwechselnd dachziegelartig darauflegen, mit einigen Blättern Salat (dickere Rippen entfernen) abschließen. Zusammenrollen und von allen Seiten angrillen. Statt Seeteufel kann man auch nur Räucherlachsscheiben verwenden.

[a]

DAS IST *wirklich* WICHTIG

[a] DER PFANNKUCHEN sollte nicht zu fest werden, damit er sich anschließend problemlos aufrollen lässt. Deshalb nach 5 Minuten das erste Mal kontrollieren, da die Garzeit stark vom Grill und der tatsächlichen Hitze abhängt.

[b] DIE FÜLLUNG gleichmäßig auf dem Pfannkuchen verstreichen, dabei die Ränder ca. 2 cm frei lassen, damit die Füllung beim Aufrollen nicht ausläuft.

[b]

WÜRZIGE DIPS

zum Eintauchen gut

OB ZU GEGRILLTEM FLEISCH, FISCH, KARTOFFELN ODER GEMÜSE: EINE KLEINE WÜRZIGE SAUCE ZUR GESCHMACKLICHEN ABRUNDUNG IST IMMER HEISS BEGEHRT.

AIOLI

2 Scheiben Weißbrot, 150 ml Milch, 6 Knoblauchzehen, ½ TL Salz, 1 Eigelb, 250 ml Olivenöl, etwas Tabasco, etwas Zitronensaft

Das Weißbrot ohne Rinde in Milch einweichen. Knoblauchzehen abziehen, sehr fein hacken, in einer Schüssel mit Salz verrühren. Das ausgedrückte Brot dazugeben und gut vermischen. Das Eigelb zufügen und rühren, bis eine homogene Masse entsteht. Olivenöl nach und nach in feinem Strahl zugießen, dabei mit einem Schneebesen ständig rühren. Mit ein paar Spritzern Tabasco und etwas Zitronensaft abschmecken.

Passt gut zu Garnelen und Kartoffeln.

KOKOS-DIP

1 Dose Kokosmilch, 2 EL Zucker, 3 EL Reisessig, 1 rote Chilischote, 2 Knoblauchzehen, 1 Limette, 2 EL Fischsauce

Kokosmilch, Zucker und Reisessig aufkochen und abkühlen lassen. Die Chilischote entkernen und fein hacken. Knoblauchzehen abziehen und ebenfalls fein hacken. Zur Kokosmilch geben, mit dem Saft der Limette und mit Fischsauce abschmecken, bis der flüssige Dip ausgewogen süß, sauer, scharf und salzig schmeckt.

Passt sehr gut zu gegrilltem Fisch.

WASABI-DIP

1 Becher Crème fraîche, 1 EL Mayonnaise, 2 EL Wasser, 10 g Wasabipulver oder -paste

Alle Zutaten in einer kleinen Schüssel verrühren. Bei der Schärfe des Wasabi zunächst sehr dosiert vorgehen und lieber nachwürzen.

Passt besonders gut zu auf der Haut gegrillten Fischfilets.

TSATSIKI

1 Salatgurke, 200 g Joghurt, 200 g Schmand, 1 Schuss Essig, 3 Knoblauchzehen, Salz, Pfeffer, evtl. 1 EL gehackte Kräuter (z. B. Dill, Minze, Estragon)

Die Gurke längs halbieren, Kerne entfernen. Joghurt und Schmand in einer Schüssel verrühren, die Gurke dazuraspeln. (Evtl. die geraspelte Gurke zuvor in einer Schüssel mit etwas Salz ziehen lassen, ausdrücken und dann untermischen.) Mit einem Schuss Essig, fein gehacktem Knoblauch, Salz und Pfeffer abschmecken. Nach Belieben gehackte Kräuter unterrühren. Schmeckt zu gegrilltem Lamm, Schweinefleisch und Gemüse.

KÄSE-DIP

100 g Cheddar-Käse, 50 ml Milch, 50 ml Sahne, 100 g Frischkäse, etwas Tabasco und/oder 1 Chilischote, Salz, etwas Zitronensaft

Cheddar-Käse in kleine Würfelchen schneiden. Milch und Sahne erhitzen, Cheddar und Frischkäse darin unter Rühren auflösen und glatt rühren. Nach gewünschter Schärfe mit einigen Spritzern Tabasco und/oder sehr klein gehackter Chilischote sowie mit Salz und einem Spritzer Zitronensaft würzen. Der Dip ist in warmem Zustand recht flüssig, wird beim Abkühlen aber fester.

Schmeckt sehr gut zu Kartoffelspalten oder Grillgemüse.

QUARK-DIP

1 Knoblauchzehe, 1 Schalotte, 200 g Quark, 2–3 EL Honig, 1 TL Honigsenf, abger. Schale von 1 Bio-Limette oder ½ Bio-Orange, Salz, Pfeffer, ¼ TL Chilipulver, 1 Spritzer Limetten- oder Orangensaft

Knoblauchzehe und Schalotte abziehen und fein würfeln. In einer Schüssel mit Quark, Honig, Honigsenf und abgeriebener Zitrusschale vermischen. Mit Salz, Pfeffer, Chilipulver, Limetten- oder Orangensaft abschmecken. Passt zu Gemüse, besonders gut zum Dippen für leicht angegrillte Karottenstifte oder Paprikastreifen.

AVOCADO-MAYONNAISE

1 Beet Kresse, 1 Bund Kerbel, ½ Bund Zitronenmelisse, 1 Knoblauchzehe, 2 reife Avocados, 1 Ei, 120 ml Olivenöl, Salz, Cayennepfeffer

Die Kresse abschneiden, mit Kerbel und Zitronenmelisse mischen und hacken. Die Knoblauchzehe abziehen und fein hacken. Die Avocados halbieren und den Kern entfernen.

Das Fruchtfleisch aus den Schalen lösen und mit einer Gabel zerdrücken oder mit einem Stabmixer pürieren, mit Knoblauch und Kräutern vermischen. Das Ei mit dem Stabmixer aufschlagen, das Olivenöl in dünnem Strahl einfließen lassen, dabei ständig weiterschlagen. Die Mayonnaise unter das Avocado-Mus heben, mit Salz und Cayennepfeffer abschmecken.

Passt gut zu Fisch und Grillgemüse.

WILDLACHS *im Apfelrauch*

IN WÜRZIGE WHISKY-MARINADE EINGELEGT UND ANSCHLIESSEND GERÄUCHERT: SO BEKOMMT DAS FISCHFILET EIN WUNDERBARES AROMA.

Zutaten für 4 Portionen

- 1 kg küchenfertiges Wildlachsfilet mit Haut
- 40 ml schottischer Whisky
- 2 EL schwarzer Pfeffer
- 200 g brauner Zucker
- 160 g grobes Meersalz
- 2 Handvoll Apfelholzspäne
- 1 Zweig Rosmarin
- 4 Lorbeerblätter

Zeitbedarf

- 15 Minuten
- 6 Stunden marinieren
- ca. 1 Stunde räuchern

Grillunterlage

- Grillrost
- Räucherbox

So geht's

1. Das Lachsfilet unter kaltem Wasser abspülen und mit einem Küchentuch trocken tupfen. In eine flache Schale legen, auf der Fleischseite mit Whisky beträufeln und vorsichtig einreiben.
2. Den Pfeffer in einem Mörser grob zerstoßen. Mit braunem Zucker und Meersalz vermischen. Diese Mischung ebenfalls in das Lachsfilet einmassieren **[→a]**. Den Fisch mit Frischhaltefolie abdecken und für 6 Stunden in den Kühlschrank stellen.
3. Die Apfelholzspäne mindestens 30 Minuten wässern. Den Lachs abspülen und trocken tupfen. Einen Gasgrill auf maximal 80 °C vorheizen. Die Apfelholzspäne in eine Räucherbox füllen **[→b]**, den Rosmarinzweig und die Lorbeerblätter dazugeben und die Box auf den Grillrost stellen. Sobald sich heller Rauch bildet, den Fisch mit der Fleischseite nach unten auflegen und den Deckel schließen.
4. Das Lachsfilet über indirekter Hitze ca. 1 Stunde räuchern. Danach in Portionen teilen und anrichten.

Dazu passen ein gemischter Blattsalat und ein leicht im Barrique gereifter Chardonnay.

Die Varianten

Lachs mit Kräuteröl
1 EL Kräuter der Provence, ½ TL Cayennepfeffer, 1 TL zerstoßene Fenchelsamen, 3 EL Limonenöl

Wer keinen Whisky verwenden möchte, kann den Fisch auch in aromatisiertem Öl durchziehen lassen. Die Gewürze mit dem Öl vermischen und den Lachs damit einreiben.

Lachs mit Senfglasur
1 EL grober Dijon-Senf, 3 EL frisch gepresster Orangensaft, 2 TL brauner Zucker, 2 TL Senfkörner, etwas Cayennepfeffer

Den Senf mit Orangensaft und den Gewürzen zu einer Marinade verrühren und den Lachs damit bestreichen.

SO GEHT'S AUCH | RÄUCHERN IM HOLZKOHLEGRILL **Dafür die gewässerten, gut abgetropften Holzspäne direkt auf die glühenden Kohlen oder Briketts legen. Um die Temperatur zu halten, müssen zwischendurch Briketts nachgelegt werden – dabei darauf achten, dass es nicht zu heiß wird.**

[a]

[b]

DAS IST *wirklich* WICHTIG

[a] MARINIEREN Wildlachs hat festeres Fleisch als Zuchtlachs, weil er sich in Freiheit mehr bewegt und nicht so viel Fett ansetzt. Dennoch sollte man beim Einmassieren vorsichtig sein und nicht zu viel Druck ausüben, damit das Fleisch heil bleibt.

[b] RÄUCHERBOX Die gewässerten Holz-Chips gut abtropfen lassen und sie dann in der geschlossenen Box der direkten Hitze aussetzen.

DAS IST *wirklich* WICHTIG

[a] ENTBARTEN Häufig gibt es Muscheln bereits vorgeputzt zu kaufen. Ansonsten entfernt man das feine Geflecht auf den Schalen, die sogenannten Bärte, mit denen sich die Muscheln an Felsen oder Pfählen festhalten, an denen sie gezüchtet werden. Mit einem Messer lösen und langsam, nicht ruckartig abziehen, damit sie nicht reißen.

[b] RÄUCHERN Die gut abgetropften Holzchips direkt auf die glühenden Kohlen oder Briketts legen.

[a]

[b]

GERÄUCHERTE MUSCHELN
in Tomatensud

EINE SEHR RAFFINIERTE MUSCHELVARIANTE – DAS RÄUCHERAROMA GIBT DEN SCHALENTIEREN UND DER SAUCE EINEN GANZ BESONDEREN GESCHMACK.

Zutaten für 4 Portionen

- 3 kg Miesmuscheln
- 2 Handvoll Ahorn-Chips
- 2 Schalotten
- 3 Knoblauchzehen
- 1 kleine Handvoll Oreganoblätter
- 6 Tomaten
- 2 EL Olivenöl
- 150 ml Weißwein
- Salz
- schwarzer Pfeffer aus der Mühle

Zeitbedarf

- 20 Minuten
- 30 Minuten wässern
- ca. 5 Minuten räuchern

Grillunterlage

- Grillrost oder Grillplatte

So geht's

1. Die Muscheln in kaltem Wasser waschen, gegebenenfalls den Bart entfernen [→a]. Geöffnete oder beschädigte Exemplare aussortieren und wegwerfen. Alle anderen Muscheln in einen Durchschlag geben und abtropfen lassen. Die Chips mindestens 30 Minuten wässern. Den Grill auf mittlere Hitze (ca. 230 °C) vorheizen.
2. Schalotten und Knoblauch abziehen und fein würfeln. Oregano waschen, trocken tupfen, die Blättchen abzupfen und fein hacken. Tomaten vom Stielansatz befreien und sehr klein würfeln.
3. In einem großen Topf das Olivenöl auf dem Grill erhitzen und die Schalotten darin andünsten. Nach 1 Minute den Knoblauch und die Tomaten dazugeben. Miesmuscheln, Oregano und Weißwein in den Topf geben, mit Salz und Pfeffer würzen, einmal gut umrühren und den Topfdeckel auflegen. Vom Grill nehmen, kurz beiseitestellen.
4. Die Holzchips abtropfen lassen. Bei einem Holzkohlegrill auf die Glut legen [→b] und den Deckel schließen. Beim Gasgrill die Chips in die Räucherbox füllen und auf den Grill stellen, den Deckel schließen. Sobald sich heller Rauch bildet, den Muscheltopf ohne Deckel über direkter Hitze auf den Grill stellen und den Grilldeckel schließen. Nach ca. 5 Minuten, wenn sich die Schalen geöffnet haben, sind die Muscheln gar. Geschlossene Exemplare aussortieren und wegwerfen.

Dazu reicht man frisches Baguette und einen Grünen Veltliner aus dem Barrique.

Die Variante

Austern mit Salsa
24 Austern, 3 Tomaten, 1 TL abger. Zitronenschale, 1 EL Zitronensaft, Salz, Pfeffer, 2 EL gehackter Koriander oder Minze

Gegrillte Austern sind ein besonderes Geschmackserlebnis. Erfreulicher Nebeneffekt: Die Schalen öffnen sich über der Hitze ganz von selbst. Den Grill auf mittlere Hitze (ca. 230 °C) vorheizen. Die Austern mit der gewölbten Seite nach unten (hier sammelt sich der Saft und die Muschel gart im eigenen Sud) auf den Grillrost legen. Nach ca. 6–8 Minuten sind sie geöffnet. Für die Salsa die Tomaten häuten, klein hacken und mit den übrigen Zutaten mischen. Etwas Salsa über die Austern träufeln und anrichten.

SO GELINGT'S | DIE TOMATENSAUCE sollte nicht zu stark gewürzt werden, denn das Räucheraroma sorgt bei diesem Gericht für den eigentlichen, sehr feinen Geschmack.

THUNFISCH
im Bananenblatt

ER BRINGT ALLE POSITIVEN EIGENSCHAFTEN MIT, DIE MAN FÜRS GRILLEN BRAUCHT: FESTES FLEISCH, SCHNELL GEMACHT, FEINER GESCHMACK.

Zutaten für 4 Portionen

- 1 Packung TK-Bananenblätter (Asia-Laden)
- 30 g Ingwer
- 3 Knoblauchzehen
- 1 rote Peperoni
- 1 Stängel Zitronengras
- 1 Handvoll Minzeblätter
- 1 unbehandelte Limette
- 4 EL Olivenöl
- Salz
- schwarzer Pfeffer aus der Mühle
- 4 Thunfischsteaks à 200 g
- Zahnstocher oder Rosmarinzweige

Zeitbedarf
- 30 Minuten
- 30 Minuten marinieren
- ca. 6 Minuten grillen

Grillunterlage
- Grillplatte oder Grillschale

So geht's

1. Die Bananenblätter auftauen lassen. Die gefalteten Blätter aus der Packung nehmen und auf einer Arbeitsfläche vorsichtig ausbreiten. 4 Stücke von der Größe eines DIN-A3-Blattes mit der Schere abschneiden. Darauf achten, dass möglichst keine Risse in den Blättern sind. Die Blätter durch Hitzeeinwirkung etwas geschmeidiger machen **[→a]**.
2. Ingwer schälen und sehr fein hacken. Knoblauch abziehen und ebenfalls sehr fein hacken. Die Peperoni waschen, entkernen und fein würfeln. Von der Zitronengrasstange den Strunk abschneiden, das äußere Blatt entfernen. Das Zitronengras mit einem großen Messer sehr fein hacken. Die Minzeblätter waschen, trocken tupfen und hacken. Die Limette heiß abspülen, trocknen, die Schale mit einem Zestenschneider abziehen und hacken. Die Limette halbieren und auspressen.
3. In einer großen, flachen Schale alle Zutaten mit Olivenöl, Salz und Pfeffer mischen. Die Thunfischsteaks darin wenden und abgedeckt 30 Minuten ziehen lassen.
4. Den Grill auf mittlere Hitze (ca. 200 °C) vorheizen. Jeweils 1 Thunfischsteak auf ein Bananenblatt setzen und zusammenfalten. Mit Zahnstochern fixieren, darauf achten, dass man dabei nicht in den Fisch sticht **[→b]**. Die Fischpäckchen auf dem Grill von jeder Seite über direkter Hitze maximal 3 Minuten grillen.

Dazu passen mit Ingwer aromatisierter Duftreis und eine trockene Scheurebe.

Die Variante

Wels mit Kräuterpesto
4 Welsfilets à 180 g, 6 Frühlingszwiebeln, 5 grüne Chilis, 4 Knoblauchzehen, 2 EL gehackter Ingwer, 1 EL zerstoßener Koriander, 4 Stangen Zitronengras, 1 Bund Basilikum, ⅓ Bund Thai-Basilikum, ½ Bund Minze, 1 Bund Korianderkraut, Salz, Pfeffer, Schale und Saft von 3 Bio-Limetten, ca. 70 ml Olivenöl

Das Fischfilet waschen und trocken tupfen. Für das Pesto alle Zutaten – nach Bedarf gewaschen, geputzt, abgezogen und klein geschnitten – im Mixer pürieren. So viel Öl zugeben, bis eine sämige, aber nicht flüssige Konsistenz erreicht ist. Auf 4 Bananenblätter jeweils 1 EL Pesto geben, darauf das Fischfilet und nochmal 1 EL Pesto. Verschließen und auf dem Grill bei maximal 200 °C über indirekter Hitze und bei geschlossenem Deckel ca. 25 Minuten grillen. Dabei nicht wenden.

SO SCHMECKT'S AUCH | FISCHFILETS **Für dieses Gericht kann man auch verschiedene weißfleischige Fischfilets verwenden, z. B. Seelachsfilet. Die Garzeit ist hier etwas kürzer als beim festfleischigen Wels. Sie beträgt ca. 15 – 20 Minuten. Nicht so hochwertige Sorten, wie Pangasius oder Tilapia, sind nicht empfehlenswert.**

DAS IST *wirklich* WICHTIG

[a] GESCHMEIDIG MACHEN Die Bananenblätter bekommen leicht Risse, unter Hitzeeinwirkung werden sie jedoch weicher und flexibler. Dafür die Blätter vorsichtig über den Grill ziehen. Den dickeren Rand vor der Weiterverwendung abschneiden.

[b] PÄCKCHEN Das Bananenblatt zuerst oben und unten einklappen, dann von links und rechts. Den „Henkel", der dabei entsteht, mit den Zahnstochern durchbohren. Man kann auch Rosmarinzweige nehmen, sie geben zusätzlich etwas Geschmack.

[a]

[b]

KALBSKOTELETTS *mit Guacamole*

DIE MAGEREN KOTELETTS SIND SAFTIG UND ZART. UND MIT EINEM AVOCADO-DIP KOMBINIERT, EIN GANZ BESONDERES GESCHMACKSERLEBNIS.

Zutaten für 4 Portionen

- 4 Kalbskoteletts à 350 g
- 3 Knoblauchzehen
- 1 kleines Bund Thymian
- 1 Bio-Zitrone
- 6 EL Olivenöl
- Salz
- 2 Avocados
- 500 g reife Tomaten
- 1 grüne Chili
- 1 kleine Schalotte
- ¼ Bund Koriandergrün
- schwarzer Pfeffer aus der Mühle
- 1 Msp. Cayennepfeffer
- 1 Salatgurke
- ½ Bund Petersilie
- 2 EL Essig
- 1 Prise Zucker

Zeitbedarf

- 30 Minuten
- 9 Minuten grillen
- 1 Stunde marinieren

Grillunterlage

- Grillplatte oder Grillrost

So geht's

1. Die Koteletts auf kleine Knochensplitter hin kontrollieren, diese gegebenenfalls entfernen. Knoblauchzehen abziehen, 2 davon fein hacken, die andere beiseitelegen. Thymianblättchen von den Stängeln streifen und ebenfalls hacken. Von der Zitrone mit einem Zestenschneider die Schale abziehen und hacken.
2. Aus Knoblauch, Thymian und Zitronenschale mit 3 EL Olivenöl und ½ TL Salz eine Marinade rühren. Koteletts damit überziehen, abgedeckt 1 Stunde bei Zimmertemperatur marinieren.
3. Für die Guacamole die Avocados halbieren. Die Kerne entfernen, 1 davon beiseitelegen. Das Fruchtfleisch aus den Schalen lösen und in ein hohes Gefäß geben. Von 1 Tomate den Stielansatz entfernen, die Frucht vierteln, entkernen und fein hacken. Die Chili entkernen und fein hacken. Die Zitrone auspressen. Die restliche Knoblauchzehe hacken. Die Schalotte abziehen und ebenfalls hacken. Koriandergrün waschen, trocken tupfen und klein hacken. Alle Zutaten zur Avocado geben, mit Salz, Pfeffer und Cayennepfeffer würzen, mit dem Stabmixer fein pürieren. In eine Schale füllen, den Avocadokern darauflegen, er verhindert, dass das Fruchtfleisch braun wird.
4. Die Salatgurke schälen, längs halbieren, entkernen und in Scheiben schneiden. Die übrigen Tomaten vom Stielansatz befreien, in Spalten schneiden. Petersilie waschen, trocken tupfen und hacken. Gurkenscheiben und Tomaten in einer Schüssel mit dem restlichen Olivenöl, Essig, Salz, Pfeffer und Zucker vermischen. Den Grill auf mittlere Hitze (ca. 200 °C) vorheizen.
5. Die Koteletts aus der Marinade nehmen, auf die Grillplatte legen (legt man sie auf den Rost, die Marinade etwas abstreifen), auf jeder Seite 2 Minuten angrillen. Die Hitze reduzieren, den Deckel schließen, weitere 5 Minuten grillen. Mit Guacamole und Gurken-Tomaten-Salat servieren.

Dazu passt ein saftiger Grauburgunder aus der Pfalz.

LAMMKARREE
mit Speckbohnen

BESONDERS ZART UND SAFTIG WERDEN DIE LAMMKOTELETTS, WENN MAN DAS GANZE KARREE AUF DEN GRILL LEGT UND ERST ANSCHLIESSEND ZERTEILT.

Zutaten für 4 Portionen

- 2 Lammkarrees mit je 8 Rippen (à ca. 650 g)
- 1 Handvoll Rosmarin, Thymian und Minze
- 3 EL Olivenöl
- Salz
- schwarzer Pfeffer aus der Mühle
- 400 g Kenia-Bohnen
- 8 Scheiben Speck

Zeitbedarf
- 40 Minuten
- 20 Minuten marinieren
- 18–20 Minuten grillen

Grillunterlage
- Grillrost oder Grillplatte
- Grillpfanne

So geht's

1. Die Lammkarrees unter fließend kaltem Wasser abspülen und trocken tupfen. Mit einem scharfen Messer parieren, dabei darauf achten, dass die Rippenknochen ganz freigelegt werden.
2. Die Kräuter hacken und in eine flache Form geben, mit dem Olivenöl mischen, mit Salz und Pfeffer würzen. Die Lammkarrees darin wenden und mit der Fleischseite nach unten 20 Minuten marinieren. Den Grill auf mittlere Hitze (ca. 200 °C) vorheizen.
3. Die Bohnen putzen und in kochendem Wasser 2 Minuten blanchieren. Abgießen und in Eiswasser abschrecken. Jeweils einige Stangen mit Speck umwickeln, sodass sich 8 Päckchen ergeben.
4. Die Lammkarrees auf den Grill legen und über indirekter Hitze bei geschlossenem Deckel 4 Minuten grillen, dann wenden. Dabei auch die Bohnenpäckchen auf den Grill legen. Nach weiteren 4 Minuten das Fleisch auf eine kalte Gusspfanne legen und ca. 10 Minuten zum Nachziehen an den Rand des Grills stellen. Die Bohnen mehrfach wenden, bis der Speck überall gut gebräunt ist.
5. Die Lammkarrees aus der Pfanne nehmen, 3–4 Minuten stehen lassen, damit sich der Saft im Fleisch verteilen kann. An den Knochen entlang aufschneiden, das Fleisch sollte innen noch rosa sein. Mit den Bohnenpäckchen anrichten.

Dazu passen gegrillte Kartoffeln. Als Getränk ein kräftiger Spätburgunder aus Baden.

Die Variante

Lammkoteletts mit Bohnensalat
500 g grüne Bohnen, Salz, ein Stück Ingwer, etwas Bohnenkraut, 1 TL gehackter Rosmarin, 1 gehackte Knoblauchzehe, 2 EL Rotweinessig, 5 EL Olivenöl, Pfeffer, 4 Lammkoteletts (2 cm dick), Öl zum Grillen

Die Bohnen putzen, evtl. in Stücke schneiden. In Salzwasser mit Ingwerscheiben und Bohnenkraut garen. Abgießen, in Eiswasser abschrecken. Aus Rosmarin, Knoblauch, Essig und Öl ein Dressing rühren, mit Salz und Pfeffer abschmecken und mit den Bohnen vermischen. Die Koteletts leicht einölen, mit Salz und Pfeffer würzen. Bei ca. 220 °C über direkter Hitze 2 Minuten grillen, wenden und weitere 3 Minuten grillen, sodass sie innen noch rosa sind. Mit dem Bohnensalat servieren.

[a]

[b]

DAS IST *wirklich* WICHTIG

[a] INGWER lässt sich ganz einfach und mit wenig „Schwund" schälen, wenn man, statt Sparschäler oder Messer zu verwenden, die Schale mit einem kleinen Löffel abschabt.

[b] ERDBEERFÄCHER Dafür die Früchte mit einem kleinen Messer von vorne in Richtung Stielansatz mehrfach so anschneiden, dass sie noch einige Millimeter zusammenhängen. Ein leichter Druck mit dem Finger spreizt die Beeren dann auseinander.

ERDBEERTÖRTCHEN
raffiniert gegrillt

EIN SCHNELLES UND EINFACHES REZEPT, DAS MAN MIT VERSCHIEDENEN FRÜCHTEN UND DAZU PASSENDER MARMELADE ZUBEREITEN KANN.

Zutaten für 4 Portionen

- 500 g Erdbeeren
- 10 g Ingwer
- 6–8 Blätter Zitronenmelisse
- 1 Spritzer Birnenbrand
- 4 Bisquit-Torteletts
- etwas Erdbeermarmelade
- 150 g Marshmallows

Zeitbedarf
- 20 Minuten
- 5 Minuten grillen

Grillunterlage
- Grillrost oder Grillplatte

So geht's

1. Die Erdbeeren waschen und putzen. Ca. 8 schöne Früchte beiseitestellen. Bei den restlichen Erdbeeren den Stielansatz entfernen und die Früchte klein schneiden. Den Ingwer mit einem kleinen Löffel schälen [→a] und sehr fein hacken. Die Zitronenmelisse waschen, trocken tupfen und in Streifen schneiden. Beides mit den Erdbeeren in eine Schüssel geben und mit etwas Birnenbrand beträufeln. Vorsichtig mischen und ein paar Minuten durchziehen lassen.
2. Die Torteletts mit Erdbeermarmelade bestreichen. Die Marshmallows klein hacken. Die marinierten Erdbeeren abgießen und auf die Tortenböden geben. Die gehackten Marshmallows so darüber verteilen, dass sie die Früchte bedecken und eine Haube bilden. Den Grill auf mittlere Hitze (ca. 200 °C) vorheizen.
3. Die belegten Törtchen über indirekter Hitze und bei geschlossenem Deckel ca. 5 Minuten grillen, bis die Marshmallows geschmolzen sind. Die Torteletts werden außen durch die Hitze zwar fest, bleiben innen aber durch die Früchte schön saftig. Die restlichen Erdbeeren fächerförmig aufschneiden [→b] und auf Desserttellern mit den Törtchen anrichten.

Dazu passt besonders gut eine Scheurebe Spätlese.

Die Variante

Süßkartoffel-Plätzchen
400 g Süßkartoffeln, 3 EL Minzeblättchen, 1 Zwiebel, 1 EL gehackter Ingwer, 1 Ei, 1 EL Reismehl, Salz, Pfeffer, 500 g Erdbeeren, 2 EL Orangenlikör oder edelsüßer Wein, 2 EL gehackte Zitronenmelisse, Saft von ½ Orange, etwas Öl

Die Süßkartoffeln schälen und fein reiben. Minzeblättchen hacken, Zwiebel abziehen und ebenfalls hacken. Alle Zutaten mit Ingwer, Ei und Reismehl vermischen, mit Salz und Pfeffer abschmecken. Abgedeckt beiseitestellen. Erdbeeren waschen, putzen und in Stückchen schneiden. Mit Orangenlikör oder Weißwein, Zitronenmelisse und Orangensaft im Kühlschrank 1 Stunde marinieren. Den Grill auf mittlere Hitze (ca. 220 °C) vorheizen. Auf die Grillplatte etwas Öl geben, jeweils 1 EL der Kartoffelmasse daraufgeben und flach drücken. Von beiden Seiten einige Minuten grillen, bis sie braun sind. Mit den Erdbeeren anrichten.

LADIES BBQ

Spiel mit dem Feuer

LANGE ZEIT WAR GRILLEN REINE MÄNNERSACHE. DOCH SEIT ES SICH ZUM GENIESSER-THEMA GEMAUSERT HAT UND NICHT MEHR NUR FLEISCH GEBRUTZELT WIRD, ENTDECKEN AUCH IMMER MEHR FRAUEN DAS OFFENE FEUER FÜR SICH.

Es ist immer wieder schön zu sehen, dass die Realität auch die härtesten Klischees irgendwann überholt. Das klassische Bild: „Der Mann steht am Grill, die Frau in der Küche und bereitet Salat und Beilagen zu“ entspricht nicht mehr ganz der Wirklichkeit. Denn will man aktuellen Umfragen glauben, finden nur noch knapp 25 Prozent der weiblichen Befragten, dass Grillen Männersache sei – drei Viertel der Frauen stehen also schon mal gerne selbst am Grill. Die moderne Technik hat dabei mitgeholfen, denn seit es die neuen Gas- und Elektrogrills gibt, muss man ja keine Kohlen mehr schleppen und sich auch nicht unbedingt die Finger schmutzig machen. Dass allerdings knapp 80 Prozent der Männer die Grillzange nur äußerst ungern aus der Hand geben, ist wiederum ein anderes Thema …

Wenn Frauen ihre Freundinnen zum Grillen einladen, wird in den meisten Fällen kein Riesensteak auf dem Rost liegen. Da gibt es eher was Kleines, Feines wie Geflügel, Fisch oder Garnelen und auch viel knackiges Gemüse der Saison ist dabei.

Das Grillgut spielt natürlich die Hauptrolle, aber auch die Beilagen, Salate, Dips und Saucen, die schon im Voraus vorbereitet werden können, sind wichtig. Der Tisch wird mit farbenfrohen Accessoires und viel Liebe zum Detail gedeckt.

Natürlich trinken Frauen dazu auch gerne mal ein Bier. Aber auf dem Tisch stehen, neben Wasser, doch auch beim Grillen bevorzugt leichte Weiß- und Roséweine. Zur Begrüßung gibt es ein Glas Prosecco oder Sekt und vielleicht wird auch mal eine fruchtige Bowle angesetzt.

ERDBEER-BOWLE

1 Flasche restsüßen Riesling, 1 Flasche roten Perlwein, ½ l Sprite und 300 g gefrorene Himbeeren in einem großen Bowlengefäß vermischen, 1 Handvoll Minzeblättchen dazugeben und durchziehen lassen, bis die Himbeeren aufgetaut sind. Mit Eiswürfeln servieren.

Gemüse

GRÜNER SPARGEL
mit Erdbeeren

Zutaten für 4 Portionen

- 500 g grüner Spargel
- ½ Handvoll Minzeblätter
- 1 EL Erdnussöl
- 1 EL Honig
- 2 EL Balsamico
- Saft und Schale von ½ Bio-Orange
- 500 g Erdbeeren
- 1 TL Zucker
- 1 EL roter Pfeffer
- schwarzer Pfeffer aus der Mühle
- 200 g Wildkräutersalat
- ca. 100 g Parmesan

Zeitbedarf
- 35 Minuten
- ca. 5 Minuten grillen

Grillunterlage
- Grillpfanne oder Grillplatte

So geht's

1. Den Spargel im unteren Drittel schälen und in mundgerechte Stücke schneiden. Die Minze grob hacken. Den Grill auf mittlere Hitze (ca. 170 °C) vorheizen.
2. In einer Grillpfanne das Öl erhitzen und darin über direkter Hitze den Spargel unter Rühren ca. 5 Minuten bissfest grillen. Mit Honig, 1 EL Balsamico, Orangensaft und -schale sowie den gehackten Minzeblättchen vermischen. Vom Grill nehmen und in der Pfanne nachziehen lassen.
3. Die Erdbeeren waschen, putzen und halbieren. In einer Schüssel mit Zucker bestreuen. Rote Pfefferkörner im Mörser oder mit der breiten Seite eines Kochmessers zerdrücken und über die Erdbeeren geben. Mit etwas schwarzem Pfeffer würzen, den restlichen Balsamico zugeben und vorsichtig vermischen.
4. Den Wildkräutersalat waschen, trocken schleudern und auf Tellern anrichten. Den Spargel mit Sud und zuletzt die Erdbeeren mit Marinade dazugeben. Parmesan hobeln und darüberstreuen.

Dazu schmeckt ein junger Riesling aus dem Rheingau.

SPARGELFRITTATA
mit Tomatensalsa

Zutaten für 4 Portionen

- 750 g grüner Spargel
- 100 g reifer Bergkäse
- 100 ml Sahne
- 6 Eier
- 1 EL Mehl
- Salz
- schwarzer Pfeffer aus der Mühle
- 2 EL Butter
- Butter für die Form
- 5 mittelgroße Tomaten
- 1 Schalotte
- 1 Knoblauchzehe
- 5 getrocknete eingelegte Tomaten
- 1 kleine rote Chilischote
- 2 EL Essig
- 4 EL Olivenöl

Zeitbedarf
- 30 Minuten
- ca. 20 Minuten grillen

Grillunterlage
- Grillplatte oder Grillrost

So geht's

1. Spargel im unteren Drittel schälen, schräg in 3 cm lange Stücke schneiden. Käse grob raspeln. Sahne steif schlagen. Die Eier mit Mehl, Salz und Pfeffer verquirlen, die Sahne unterheben. Den Grill auf mittlere Hitze (ca. 200 °C) vorheizen.
2. In einer Pfanne am Rand des Grills die Butter zerlassen, Spargel darin andünsten. Nach 2 Minuten den Käse und die Eimasse dazugeben, kurz verrühren. 1 große oder mehrere kleine Grillschalen oder eine große gusseiserne Pfanne mit Butter ausstreichen.
3. Die Spargelmasse einfüllen, auf dem Grill bei geschlossenem Deckel ca. 10–20 Minuten stocken lassen, bis sie auf Fingerdruck elastisch zurückfedert. Kurz ruhen lassen.
4. Für die Salsa die Tomaten waschen, vierteln, entkernen und fein würfeln. Schalotte und Knoblauch abziehen und fein würfeln. Getrocknete Tomaten und Chilischote ebenfalls fein würfeln. Alle Zutaten vermischen, mit Salz, Pfeffer, Essig und Öl abschmecken. Mit der Frittata servieren.

Dazu passt leichter Weißwein.

SO SCHMECKT'S AUCH | MIT WURST **Zusätzlich 150 g Pastrami oder Salami in Streifen schneiden und unter die Spargelmasse rühren.**

GEGRILLTE GAMBAS
mit zweierlei Mango

OB ALS SALSA ODER IN STREIFEN GESCHNITTEN UND GEGRILLT – DIE SÜSSEN FRÜCHTE HARMONIEREN WUNDERBAR MIT DEN WÜRZIGEN GAMBAS.

Zutaten für 4 Portionen

- 2 feste Mangos
- 2 TL Olivenöl
- Meersalz, schwarzer Pfeffer
- 5 reife Tomaten
- 1 Bund Frühlingszwiebeln
- ½ rote Paprikaschote
- ½ Bund Koriandergrün
- Saft von ½ Orange
- 1 EL Reisweinessig
- 1 rote Peperoni
- 40 g geröstete, ungesalzene Erdnüsse
- 2 reife Mangos
- 12 küchenfertige Gambas
- 4 EL Erdnussöl
- 1 TL Curry
- 1 Prise brauner Zucker
- einige Blätter Minze

Zeitbedarf
- 40 Minuten
- 30 Minuten ziehen
- 6–8 Minuten grillen

Grillunterlage
- Grillplatte oder Grillschale

So geht's

1. Den Grill auf mittlere Hitze (ca. 220 °C) vorheizen. Für die Salsa die festen Mangos schälen und in Spalten schneiden [→a]. Die Spalten mit Olivenöl bestreichen, mit Salz und Pfeffer würzen. Auf dem Grill 2 Minuten von jeder Seite grillen. Danach in Stücke schneiden und in den Mixer geben.
2. Tomaten, Frühlingszwiebeln und Paprikaschote waschen, putzen und grob hacken. Mit Koriandergrün, Orangensaft und Essig ebenfalls in den Mixer geben und nicht zu fein pürieren. Den Saft, der sich am Boden des Mixgefäßes bildet, abgießen. Die Salsa im Kühlschrank ca. 30 Minuten ziehen lassen.
3. Die Peperoni der Länge nach halbieren, entkernen und fein würfeln. Die Erdnüsse grob hacken. Die reifen Mangos schälen und das Fruchtfleisch in Spalten schneiden.
4. Die küchenfertigen Gambas (ohne Kopf und Schale) auf der Grillplatte oder Grillschale über direkter Hitze von beiden Seiten mit 2 EL Erdnussöl 2 Minuten grillen. Die Peperoni und die Erdnüsse dazugeben, mit Currypulver würzen und mit braunem Zucker abschmecken. Weitere 2 Minuten grillen, dabei mit einem Spatel mehrmals wenden. Vom Grill nehmen und warm stellen.
5. Die Mangospalten mit dem restlichen Erdnussöl bestreichen und auf der Grillplatte von jeder Seite ca. 2 Minuten grillen. Mit den Gambas anrichten. Die Minzeblättchen klein zupfen und darüberstreuen. Mit etwas Mango-Salsa servieren.

Dazu passt ein fruchtiger Riesling von der Mosel.

Die Variante

Gambas mit Speck
1 kleine Zwiebel, 30 g Butter, 150 ml Ketchup, 3 EL BBQ-Sauce, 1 EL Worcestershire-Sauce, 1 EL Essig, 1 EL Zucker, Salz, Pfeffer, 16 Gambas, 6 Scheiben (ca. 100 g) geräucherter Speck, Öl zum Anbraten

Die Zwiebel abziehen, fein hacken und in Butter andünsten. Ketchup, BBQ-Sauce, Worcestershire-Sauce, Essig, Zucker, Salz und Pfeffer dazugeben und etwas einköcheln lassen. Vom Herd ziehen und beiseitestellen. Die Gambas darin für 30 Minuten marinieren. Den Speck würfeln und zusammen mit den Gambas in einer gusseisernen Grillpfanne über mittlerer direkter Hitze (ca. 220 °C) unter Wenden 3–4 Minuten grillen. Die restliche Marinade ebenfalls erhitzen und mit Baguette zu den Gambas servieren.

DAS IST *wirklich* WICHTIG

[a] MANGOS VORBEREITEN Die einfachste Methode ist immer noch die beste: einen Sparschäler verwenden. Dann das Fruchtfleisch am Kern entlang abschneiden und in Spalten teilen. Die restlichen Fruchtfleischstücke am Kern in kleineren Stücken ablösen. Sehr reife Mangos kann man auch längs entlang des Kerns in der Mitte durchschneiden, abdrehen und die Frucht mit einem Löffel aus der Schale lösen.

[a]

PUTENRÖLLCHEN
mit Spinatfüllung

Zutaten für 4 Portionen

- 2 große Handvoll frische Spinatblätter
- Salz
- schwarzer Pfeffer aus der Mühle
- frisch geriebene Muskatnuss
- 8 dünne Putenschnitzel à 70 g
- ½ TL Anissamen
- ¼ TL Chilipulver oder Chili aus der Mühle
- 50 g Frischkäse
- 8 Scheiben Serrano-Schinken
- 60 g Sesamsaat
- Öl zum Bestreichen
- Zahnstocher

Zeitbedarf

- 30 Minuten
- 8 Minuten grillen

Grillunterlage

- Grillplatte oder Grillblech

So geht's

1. Den Spinat waschen, grobe Stängel entfernen. In einem Topf 2 l Wasser zum Kochen bringen und den Spinat darin 30 Sekunden blanchieren. Herausnehmen und in Eiswasser abschrecken. Auf Küchenpapier auslegen, dabei etwas auseinanderziehen und trocken tupfen. Leicht mit Salz, Pfeffer und Muskatnuss würzen.
2. Die Putenschnitzelchen auf ein Brett legen, bei Bedarf vorsichtig noch ein wenig dünner klopfen. Anis im Mörser fein mahlen, mit Chili unter den Frischkäse mischen.
3. Auf jedes Putenschnitzel zunächst etwas Frischkäse streichen, dann nacheinander mit einer dünnen Lage Spinat und 1 Scheibe Schinken belegen. Die Schnitzel aufrollen und mit Zahnstochern fixieren. Den Grill auf mittlere Hitze (ca. 200 °C) vorheizen.
4. Sesamsaat in einen Teller geben. Die Schnitzelröllchen mit etwas Öl bestreichen und durch den Sesam rollen. Auf dem Grill über direkter Hitze von allen Seiten in ca. 8 Minuten grillen.

Spinat „beißt" sich mit Wein, ein süffiges bayerisches Bier passt besser dazu.

SALTIMBOCCA
vom Hähnchenfilet

Zutaten für 4 Portionen

- 2 Hähnchenbrustfilets (à ca. 200 g)
- Salz
- Pfeffer aus der Mühle
- 8 Scheiben Parmaschinken
- 8 Salbeiblätter
- Olivenöl zum Grillen
- 2 Zitronen
- 3 EL Zucker
- evtl. etwas Marsala
- Holzspießchen

Zeitbedarf

- 40 Minuten
- ca. 8 Minuten grillen

Grillunterlage

- Grillrost oder Grillplatte

So geht's

1. Die Hähnchenbrustfilets mit einem scharfen Messer quer in je 4 dünne Scheiben schneiden und etwas plattieren. Mit Salz und Pfeffer würzen.
2. Jede Scheibe mit Parmaschinken und 1 Salbeiblatt belegen und mit einem Holzspießchen feststecken. Mit etwas Öl beträufeln. Die Zitronen vierteln, mit den Schnittflächen in Zucker tauchen. Den Grill auf mittlere Hitze (ca. 200 °C) vorheizen.
3. Die Hähnchenfilets über direkter Hitze ca. 2 Minuten grillen. Bei größeren Mengen die fertigen Filets in einer gusseisernen Grillpfanne am Rand des Grills warm halten, dabei mit einem Schuss Marsala beträufeln. Die Zitronen auf jeder Seite 3–4 Minuten grillen. Zu den Saltimboccas servieren.

Dazu schmeckt ein Vernaccia di San Gimignano.

DIE VARIANTE | FÜR HÄHNCHENTASCHEN auf sehr dünne Filetscheiben in die Mitte je 1 Klecks Pesto setzen, das Fleisch von allen Seiten überlappend zusammenfalten und feststecken. Ca. 3 Minuten grillen, dabei einmal wenden.

SOMMER

Hochsaison für Grillfans

SONNE SATT, LAUE ABENDE, ENTSPANNTE WOCHENENDEN: JETZT WIRD DER GRILL ZUR AUSSENKÜCHE. MAN FEIERT MIT FREUNDEN UND DER FAMILIE, LEGT FISCH, FLEISCH, VIEL KNACKIG-FRISCHES GEMÜSE UND OBST AUF DEN ROST.

HÄPPCHEN

Tapas & Fingerfood

GEFÜLLTE CHAMPIGNONS

8 große Champignons, 1 Schalotte, 1 Knoblauchzehe, 100 g Blauschimmelkäse, 1 große Tomate, Salz, Pfeffer, 1 TL Olivenöl

Die Champignons putzen. Die Stiele herausdrehen, hacken und beiseitestellen. Schalotte und Knoblauchzehe abziehen und fein hacken. Blauschimmelkäse in 8 Portionen teilen. Tomate entkernen, vom Stielansatz befreien und in kleine Stückchen schneiden. Champignonstiele, Schalotte, Knoblauch, Käse und Tomatenwürfel in einer Schüssel mischen, mit Salz, Pfeffer und Olivenöl würzen. In die Champignonköpfe füllen und in Alufolie wickeln. Ca. 15 Minuten auf dem Grill über indirekter mittlerer Hitze (ca. 200 °C) grillen.

GEFÜLLTE JALAPEÑOS

8 eingelegte Jalapeños, 200 g Frischkäse, Paprikapulver, Salz, Pfeffer, 16 Scheiben durchwachsener Speck, 2 EL Olivenöl

Die Jalapeños unter kaltem Wasser abspülen und trocken tupfen. Die Schoten halbieren und entkernen. Frischkäse mit Paprikapulver, Salz und Pfeffer würzen und in die Jalapeñohälften füllen. Mit Speck fest umwickeln und mit Zahnstochern fixieren. Auf der Grillplatte oder dem Grillblech mit Öl nicht zu scharf anbraten, bis der Speck schön gebräunt und knusprig ist.

TRAPPISTEN-BARREN

1 Scheibe Schwarzbrot (2 cm dick), 200 g Trappe Echourgnac (franz. Trappistenkäse, mit Walnusslikör verfeinert) oder schnittfester Butterkäse, 2 Eier, Curry, Salz, Pfeffer, 1–2 EL Olivenöl

Aus dem Schwarzbrot ohne Rinde 8 kleine Barren (4 x 2 cm) schneiden. Trappe Echourgnac mit Rinde in dazu passende Stücke schneiden. Die Eier verquirlen, mit Curry, Salz und Pfeffer würzen. Das Brot darin wenden und in einer Gusseisenpfanne oder auf der Grillplatte mit Olivenöl von allen Seiten bei mittlerer Hitze (ca. 200 °C) angrillen, bis das Brot schön krustig ist. Die Brotstücke mit Käse belegen, für 30 Sekunden den Grilldeckel schließen.

BALSAMICO-FEIGEN

8 Feigen, 2 EL Balsamico, 4 EL Olivenöl, 8 Scheiben luftgetrockneter Schinken, 30 g Parmesan, schwarzer Pfeffer aus der Mühle

Die Feigen mit einem Messer kreuzweise so einschneiden, dass sie auf der Unterseite noch zusammenhängen. Innen mit einer Mischung aus Balsamico und 2 EL Olivenöl bepinseln. Mit der Innenseite nach unten auf der Grillplatte oder dem Grillblech über direkter mittlerer Hitze (ca. 200 °C) einige Minuten grillen. Die Spitzen dürfen sich dabei dunkel färben. Gleichzeitig auf der Grillplatte die Schinkenscheiben knusprig grillen. Schinken und Feigen auf Tellern anrichten. Parmesan darüberhobeln, restliches Olivenöl darüberträufeln und mit Pfeffer würzen.

GEGRILLTE OLIVEN

24 große schwarze oder grüne Oliven ohne Kern, 12 Scheiben Frühstücksspeck, etwas Olivenöl, Zahnstocher

Die Oliven mit jeweils ½ Scheibe Speck umwickeln. Je 2 Oliven auf 1 Zahnstocher spießen. Auf der Grillplatte oder in einer ungelochten Grillschale mit etwas Olivenöl beträufeln und über direkter mittlerer Hitze (ca. 200 °C) etwa 10 Minuten grillen, dabei mehrfach wenden.

GEMÜSE-FRITTATA

je 300 g Karotten, Erbsen und grüne Bohnen, 5 Eier, 6 EL ger. Parmesan, 3 EL Milch, 4 EL Semmelbrösel, Salz, Pfeffer, 1 Bund Basilikum, etwas Butter

Karotten schälen und fein würfeln. Die Erbsen auslösen. Die Bohnen waschen, putzen und klein schneiden. Nacheinander je 1 Minute in kochendem Wasser blanchieren, mit Eiswasser abschrecken und abtropfen lassen. Die Eier verquirlen, Parmesan und Milch dazugeben, dann das Gemüse und die Semmelbrösel. Mit Salz, Pfeffer und gehacktem Basilikum würzen. Eine feuerfeste Form mit Butter ausstreichen, die Gemüsemasse einfüllen. Auf dem Grill über indirekter mittlerer Hitze (ca. 200 °C) bei geschlossenem Deckel ca. 20 Minuten stocken lassen, bis die Frittata leicht gebräunt und innen fest geworden ist. In mundgerechte Stücke schneiden und servieren.

TINTENFISCHE
gefüllt mit Mangold & Reis

CALAMARES LASSEN SICH MIT DEN VERSCHIEDENSTEN ZUTATEN FÜLLEN. DIE ANGST, SIE KÖNNTEN BEIM GAREN ZÄH WERDEN, IST HIER UNBEGRÜNDET.

Zutaten für 4 Portionen

- 100 g Langkorn-Reis
- 200 g Mangold
- 1 kleine Zwiebel
- 4 Knoblauchzehen
- 40 g schwarze Oliven ohne Stein
- 30 g Butter
- Salz, schwarzer Pfeffer
- Chili aus der Mühle
- 4 küchenfertige Calamares-Tuben à ca. 100 g
- 300 g Fenchel
- 200 g Zucchini
- 5 EL Olivenöl
- 1 TL Fenchelsamen
- 2 Sardellenfilets
- Saft von ¼ Zitrone
- Öl für die Grillplatte
- Zahnstocher

Zeitbedarf
- 1 Stunde
- ca. 8 Minuten grillen

Grillunterlage
- Grillplatte und Grillblech

So geht's

1. Den Reis nach Packungsanleitung zubereiten. Den Mangold putzen und waschen. 1 Minute in kochendem Wasser blanchieren, in kaltem Wasser abschrecken. Abtropfen lassen, trocken tupfen und fein hacken.
2. Die Zwiebel und 2 Knoblauchzehen abziehen und fein hacken. Die Oliven in Ringe schneiden. Die Butter in einer Pfanne zerlassen, Zwiebel und Knoblauch darin andünsten. Mangold und Oliven dazugeben und anschwitzen, zum Schluss den Reis zugeben. Alles gut vermischen, mit Salz, Pfeffer und Chili abschmecken und beiseitestellen.
3. Die Calamares-Tuben innen und außen waschen und trocken tupfen. Vorsichtig mit der Reis-Mangold-Mischung füllen **[→a]**. Die Öffnung mit Zahnstochern zustecken.
4. Den Fenchel waschen, putzen, längs halbieren, den Strunk herausschneiden. Fenchelgrün abschneiden, hacken und beiseitestellen. Die Knollen in dünne Scheiben schneiden. Zucchini waschen, putzen, in dünne Scheiben schneiden. Das Gemüse mit 2 EL Olivenöl vermischen, mit Salz und Pfeffer würzen.
5. Restlichen Knoblauch abziehen und fein hacken. Fenchelsamen in einem Mörser fein zerstoßen. Die Sardellenfilets hacken. In einer kleinen Schüssel mit dem restlichen Olivenöl und Zitronensaft vermischen, mit Salz und Pfeffer abschmecken. Damit die Calamares von allen Seiten einpinseln.
6. Den Grill auf starke Hitze (ca. 250 °C) vorheizen. Die Grillplatte und das Grillblech einölen. Auf der Platte die Calamares von allen Seiten in ca. 8 Minuten über direkter Hitze grillen **[→b]**, dabei mehrfach bepinseln. Gleichzeitig das Gemüse auf dem Grillblech, unter mehrmaligem Wenden, grillen. Die Calamares mit dem Gemüse anrichten, das Fenchelgrün darüberstreuen.

Passender Begleiter ist ein fruchtiger Riesling Spätlese trocken.

Die Varianten

Orangen-Füllung
100 g Reis, 2 Orangen, 50 g Walnüsse, 1 EL Minzeblättchen, Salz, Pfeffer

Den Reis garen. Mit den geschälten, filetierten und klein geschnittenen Orangen, gehackten Walnüssen und Minzeblättchen mischen, mit Salz und Pfeffer abschmecken. Die Calamares-Tuben damit füllen.

Krabben-Füllung
100 g Reis, 1 Tomate, 50 g Gurke, 100 g Nordseekrabben, Salz, Pfeffer

Den Reis garen. Die Tomate häuten, entkernen und klein würfeln. Die Gurke schälen, entkernen und in kleine Würfel schneiden. Alles mit den Nordseekrabben mischen, mit Salz und Pfeffer abschmecken und die Calamares-Tuben damit füllen.

[a]

[b]

DAS IST *wirklich* WICHTIG

[a] + [b] FÜLLEN Die Calamares nicht zu fest füllen, damit sie beim Garen nicht aufplatzen. Denn beim Grillen dehnt sich die Füllung aus, während sich gleichzeitig die Tintenfisch-Tuben durch die Hitze etwas zusammenziehen. Die Füllung schmeckt auch als Beilage sehr gut! Machen Sie also ruhig reichlich davon. Da die Größen der Calamares-Tuben variieren, lässt sich die benötigte Menge ohnehin nicht so genau angeben.

BBQ-SCHWERTFISCH *tropisch mariniert*

Zutaten für 4 Portionen

- 2 EL Zitronensaft
- 4 EL Ananassaft
- 2 EL helle Sojasauce
- 1 EL Tomatenmark
- 2 Knoblauchzehen
- 4 EL Pimpinelleblättchen (ersatzweise glatte Petersilie)
- 1 EL Salbeiblätter (am besten Ananassalbei)
- Salz
- schwarzer Pfeffer aus der Mühle
- 4 Schwertfischsteaks à 250 g
- Öl zum Grillen

Zeitbedarf

- 15 Minuten
- 1–2 Stunden marinieren
- ca. 4 Minuten grillen

Grillunterlage

- Grillplatte oder -rost

So geht's

1. In einer Schüssel Zitronensaft, Ananassaft, Sojasauce und Tomatenmark vermischen. Den Knoblauch abziehen, fein würfeln und dazugeben.
2. Die Kräuter waschen, trocken tupfen und getrennt voneinander hacken. Von der Pimpinelle die Hälfte beiseitestellen, den Rest in die Sauce geben. Mit Salz und etwas Pfeffer abschmecken.
3. Die Schwertfischsteaks in eine möglichst große, flache Schale legen und gleichmäßig mit der Marinade überziehen. Kühl gestellt einige Stunden durchziehen lassen, dabei einmal wenden.
4. Den Grill auf mittlere Hitze (ca. 230 °C) vorheizen. Grillplatte oder -rost einölen. Die Steaks aus der Marinade nehmen und von beiden Seiten über direkter Hitze offen je 2 Minuten grillen. Zum Servieren mit der übrigen Marinade beträufeln. Die restliche Pimpinelle darüberstreuen.

Dazu passen gegrillte Ananasstücke und mit Zitronengras aromatisierter Duftreis sowie ein fruchtiger Weißburgunder.

SO GELINGT'S | SCHWERTFISCH **sollte, auch wie Thunfisch, nur kurz angegrillt werden und innen roh bleiben, sonst wird er leicht trocken und zäh.**

ZANDER *mit Grilltomaten*

Zutaten für 4 Portionen

- 4 Zanderfilets à 250 g
- 2 Knoblauchzehen
- 2 EL frische Thymianblättchen
- Saft von 1 Limette
- 4 EL Olivenöl
- Salz
- schwarzer Pfeffer aus der Mühle
- 3 rote Zwiebeln
- 500 g Kirschtomaten
- etwas Olivenöl zum Grillen
- 2 EL Marsala

Zeitbedarf

- 20 Minuten
- 15 Minuten grillen

Grillunterlage

- Grillplatte und ungelochte Grillschale

So geht's

1. Zanderfilets unter fließend kaltem Wasser abspülen, trocken tupfen. Auf Gräten hin überprüfen, mit der Pinzette entfernen.
2. Knoblauch abziehen und fein hacken. Thymian ebenfalls fein hacken. In einer Schüssel mit Limettensaft und Olivenöl mischen, mit Salz und Pfeffer würzen.
3. Den Grill auf mittlere Hitze (ca. 230 °C) vorheizen. Zwiebeln abziehen und in Spalten schneiden. Kirschtomaten waschen, evtl. halbieren (für mehr Geschmack!), mit den Zwiebeln in die Grillschale legen. Mit Salz und Pfeffer würzen, mit Olivenöl beträufeln. Offen ca. 15 Minuten über direkter Hitze grillen.
4. Zanderfilets mit der Hautseite nach unten auf die Grillplatte legen. Anfangs mit einem Spatel nach unten drücken, damit sie sich nicht wellen. Nach ca. 3 Minuten mit der Marinade auf der Fleischseite bepinseln. Weitere 3 Minuten grillen, wenden, auf der anderen Seite 30 Sekunden grillen. Marsala in die restliche Marinade geben, den Fisch damit beträufeln.

Dazu schmecken leicht geröstetes Weißbrot und ein Pils.

DORADEN
mit Zitrussauce

DURCH IHR FESTES FLEISCH IST DIE DORADE OPTIMAL ZUM GRILLEN GEEIGNET. HIER WIRD SIE IN EINER SEHR FRUCHTIGEN VARIANTE ZUBEREITET.

Zutaten für 4 Portionen

- 4 küchenfertige Doraden à 500 g
- ½ Bund Koriandergrün
- ½ Bund Blattpetersilie
- 1 Bio-Orange
- Saft von 1 Zitrone
- Saft von 1 Limette
- 2 Knoblauchzehen
- 1 grüne Chilischote
- 2 TL Worcestershire-Sauce
- Salz
- schwarzer Pfeffer aus der Mühle
- ½ TL Chilipulver
- Öl zum Bestreichen
- 1 kleine Handvoll Kräuter (z. B. Basilikum, Thymian, Oregano)
- 50 g Butter

Zeitbedarf

- 35 Minuten
- 1 Stunde marinieren
- 15 Minuten grillen

Grillunterlage

- Grillrost oder Grillplatte
- Fisch-Grillkörbe bzw. -gitter

So geht's

1. Die Fische unter fließend kaltem Wasser innen und außen abspülen. Trocken tupfen und die Seitenflossen abschneiden. Auf beiden Seiten die Haut der Fische mit einem scharfen Messer einschneiden **[→a]**. Die Stängel von Koriander und Blattpetersilie abschneiden und in die Bäuche der Fische stecken.
2. Mit einem Zestenschneider die Schale der Orange abziehen und hacken. Den Saft der Orange auspressen und mit dem Saft der Zitrone und der Limette sowie den Orangenzesten mischen. Knoblauch abziehen, fein hacken und zum Saft geben. Die Chili entkernen, fein hacken und ebenfalls dazugeben. Mit Worcestershire-Sauce, Salz, Pfeffer und Chilipulver abschmecken und gut vermischen. Die Fische mit der Marinade rundum bestreichen und abgedeckt im Kühlschrank mindestens 1 Stunde durchziehen lassen.
3. Den Grill auf mittlere Hitze (ca. 200 °C) vorheizen. Die Doraden in gut eingeölte Fisch-Grillkörbe legen **[→b]** und über direkter Hitze bei geschlossenem Deckel von beiden Seiten in ca. 15 Minuten grillen. Bei offenem Deckel dauert es ein paar Minuten länger. Zwischendurch die Fische mehrmals mit der Marinade bestreichen.
4. Die Kräuter, auch die Koriander- und Petersilienblättchen, fein hacken. In einem Töpfchen die übrige Marinade erwärmen und darin die Butter zerlassen. Gegebenenfalls noch etwas Orangensaft dazugeben. Die Hälfte der Kräuter in die Sauce geben, den Rest beim Anrichten über die Fische streuen.

Dazu passen Kartöffelchen oder Baguette und als Getränk ein guter Weißburgunder.

DIE VARIANTE | RED SNAPPER **ist eine gute Alternative zur Dorade, da er ebenfalls festes Fleisch hat. Wer einen großen Fisch von ca. 3 kg (beim Fischhändler vorbestellen) grillen möchte, verpackt ihn mit reichlich Marinade in Alufolie und gart ihn bei ca. 180 °C und geschlossenem Deckel ca. 1 Stunde, weitere 10 Minuten bei geöffneter Folie. Den Rost möglichst mit großem Abstand zur Glut positionieren. Rost oder Grillplatte gut einölen, damit der Fisch nicht anbäckt.**

DAS IST *wirklich* WICHTIG

[a] EINSCHNEIDEN Das Fischfleisch 2- bis 3-mal schräg bis zu den Gräten einschneiden, so kann die Hitze besser und gleichmäßiger eindringen. Der Fisch ist schneller gar und bleibt schön saftig.

[b] FISCHGITTER drücken den Bauch des Fisches automatisch zusammen. Legt man den Fisch ohne Gitter auf den Grill, sollte man den Bauch mit Zahnstochern oder kleinen Metallspießen verschließen, damit die Kräuterstängel nicht herausfallen.

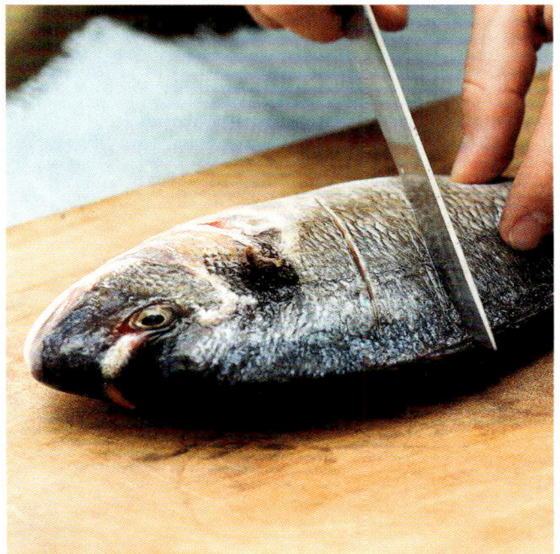

[a]

[b]

DAS IST *wirklich* WICHTIG

[a] FÜR SATÉSPIESSE wird das in Streifen geschnittene Fleisch so auf die Spieße gesteckt, dass man es dabei 3- bis 4-mal durchsticht. Dann entlang der Spieße etwas straff ziehen. Verwendet man Holzspieße, sollte man sie vor Gebrauch mindestens 30 Minuten wässern, damit sie auf dem Grill nicht verbrennen.

[a]

SATÉSPIESSE
mit Erdnuss-Sauce

KLASSISCHER SNACK UND IDEALES FINGERFOOD, DAS MAN IN OSTASIEN AN JEDER ECKE, IN GARKÜCHEN UND AN MARKTSTÄNDEN FINDET.

Zutaten für 4 Portionen

- 400 g Hähnchenbrustfilet
- 1 Stückchen Ingwer (25 g)
- 1 kleine Zwiebel
- 2 TL Koriandersamen
- 2 EL rote Chilipaste
- 160 ml Kokosmilch
- 4 EL helle Sojasauce
- 100 g ungesalzene geröstete Erdnüsse
- 1 EL geröstetes Erdnussöl
- ½ Limette
- 1 EL brauner Zucker
- Salz
- Pflanzenöl zum Grillen
- Schaschlikspieße

Zeitbedarf
- 30 Minuten
- 1 Stunde marinieren
- ca. 8 Minuten grillen

Grillunterlage
- Grillplatte

So geht's

1. Die Hähnchenbrustfilets unter fließend kaltem Wasser abspülen und trocken tupfen. Längs in gleichmäßige, ca. 2 cm breite Streifen schneiden.
2. Ingwer schälen und fein reiben. Zwiebel schälen und sehr fein hacken. Die Koriandersamen im Mörser zerstoßen, mit dem geriebenen Ingwer, der gehackten Zwiebel, 1 EL Chilipaste, 30 ml Kokosmilch und 2 EL Sojasauce in einer nicht zu kleinen Schüssel verrühren. Das Fleisch einlegen und mindestens 1 Stunde marinieren.
3. In einem großen Mörser oder in der Küchenmaschine die Erdnüsse zerkleinern, dann in einen kleinen Topf geben. Die restliche Chilipaste, die restliche Kokosmilch, das Erdnussöl und maximal 2 EL Wasser dazugeben. Langsam erwärmen, aber nicht zum Kochen bringen. Mit Limettensaft, der restlichen Sojasauce, braunem Zucker und Salz abschmecken. Die Sauce warm halten.
4. Das Fleisch aus der Marinade nehmen und abtropfen lassen. Die Hähnchenstreifen wellenförmig auf Schaschlikspieße stecken [→a]. Den Grill auf mittlere Hitze (ca. 200 °C) vorheizen.
5. Etwas Öl auf die heiße Grillplatte geben und darauf über direkter Hitze die Hähnchenspieße von beiden Seiten jeweils ca. 4 Minuten grillen, dabei nur einmal wenden. Die Erdnusssauce in kleine Schälchen umfüllen und als Dip zu den Spießen servieren.

Dazu passt Basmatireis, mit ein paar Ingwerscheiben oder Kaffir-Limettenblättern zubereitet. Ein trockener Secco mit einem Schuss Limettensaft ist ein leichter Begleiter im Glas.

Die Variante

Rinder-Satéspieße
1 EL Hoisin-Sauce, 1 EL dunkle Sojasauce, 1 TL geröstetes Sesamöl, 1 Prise Salz, schwarzer Pfeffer, 1 TL rote Chilipaste, 400 g gut abgehangenes Rumpsteak, Holzspieße

Für die Marinade alle Zutaten miteinander verrühren. Das Fleisch in 1 cm breite und 3 cm dicke Streifen schneiden und mit der Marinade bestreichen. Mindestens 1 Stunde im Kühlschrank durchziehen lassen. Die Fleischstreifen auf gewässerte Holzspieße stecken und über direkter mittlerer Hitze von beiden Seiten insgesamt ca. 3–4 Minuten grillen. Das Fleisch darf innen noch rosa sein.

SO SCHMECKT'S AUCH | FÜR DIE ERDNUSSSAUCE kann man statt der gerösteten Erdnüsse auch 2 EL Erdnussbutter mit Stückchen verwenden. Allerdings wird die Sauce etwas schwerer, was durch mehr Limettensaft ausgeglichen werden kann.

GEMÜSE-VIELFALT

Mehr als raffinierte Beilagen

FRÜHLINGSZWIEBELN MIT SPECK

8 Frühlingszwiebeln mit Grün, 8 dünne Scheiben durchwachsener Speck, 30 ml Balsamico, 30 ml Rotwein, 60 ml Tomatenpüree, 1 gehackte Zwiebel, 2 gehackte Knoblauchzehen, 1 EL Rosinen, 1 EL brauner Zucker, 2 Sardellen, 1 TL Kümmel, 5 Gewürznelken, 10 Pfefferkörner

Frühlingszwiebeln waschen, putzen und trocken tupfen. Einzeln mit je 1 Scheibe Speck spiralförmig umwickeln und beiseitestellen. Die übrigen Zutaten in einem kleinen Topf aufkochen, 15 Minuten bei starker Hitze einkochen lassen, dann durch ein Sieb passieren. Die Frühlingszwiebeln auf dem Grill ca. 6–10 Minuten über direkter Hitze (ca. 220 °C) grillen, bis der Speck knusprig und die Zwiebeln weich sind. Mit Sauce beträufeln und servieren. Als kleine Vorspeise mit Brot oder als Beilage für Steaks oder Lammfleisch.

GEGRILLTE PORTOBELLOS

8 Portobellos (Riesenchampignons), 50 ml Sesamöl, 40 ml Balsamico, 40 ml Rotwein, 1 EL Worcestershire-Sauce, ½ fein gewürfelte Zwiebel, 1 fein gewürfelte Knoblauchzehe, Salz, Pfeffer

Die Champignons putzen, Stiele entfernen. Mit der Hutseite nach unten in eine flache Schale legen. Die übrigen Zutaten in einer kleinen Schüssel miteinander verrühren, über die Unterseite der Pilze verteilen. 1 Stunde marinieren. Die Pilze auf der Grillplatte oder dem Grillrost über indirekter mittlerer Hitze (ca. 180 °C), möglichst bei geschlossenem Deckel, ca. 10 Minuten grillen und sofort servieren.

SELLERIESTEAKS

1 Sellerieknolle (ca. 1 kg), etwas Öl zum Grillen, Salz, Pfeffer, 1 Zwiebel, 2 Knoblauchzehen, 1 Karotte, 1 TL Currypulver, 1 TL gemörserte Koriandersamen, 200 ml Kokosmilch

Die Sellerieknolle schälen und waschen. In 1,5 cm dicke Scheiben schneiden und mit etwas Öl bestreichen. Auf dem Grill über direkter mittlerer Hitze (ca. 180 °C) in ca. 8 Minuten von beiden Seiten grillen. Erst danach mit Salz und Pfeffer würzen. Für die Sauce Zwiebel und Knoblauch abziehen und fein hacken, die Karotte schälen und fein schneiden. In einer gusseisernen Grillpfanne in etwas Öl anbraten, mit Curry, Salz, Pfeffer und Koriander würzen, die Kokosmilch angießen. Aufkochen lassen, vom Grill nehmen, mit dem Sellerie servieren. Die gegrillten Selleriescheiben schmecken auch pur mit BBQ-Sauce und zu buntem Gemüse.

GEMÜSE-DOPPELDECKER

1 Aubergine, 1 Zucchini, 2 Karotten, Salz, 80 g Parmesan

Die Aubergine längs in 2 cm dicke Scheiben, Zucchini und Karotten in dünne Scheiben schneiden. Auberginen von beiden Seiten salzen und kurz stehen lassen. Mit Küchenpapier abtupfen. Das Gemüse nebeneinander auf der geriffelten Grillplatte oder dem Grillblech über direkter mittlerer Hitze (ca. 180 °C) von beiden Seiten in ca. 8–10 Minuten grillen. Nun wird gestapelt: Als unterste Lage 1 Auberginenscheibe, darüber 1 TL Parmesan, dann einige Karottenscheiben (auf Breite der Aubergine), wieder Parmesan, 1 Lage Zucchini, wieder Parmesan, Karotten, wieder Parmesan und abschließend als Deckel 1 Auberginenscheibe. Für 3–4 Minuten auf den Grill legen, bis der Käse geschmolzen ist, dabei einmal wenden.

GRILL-KNOBLAUCH

4 Knollen Knoblauch, 80 ml Öl, Salz, Pfeffer

Die Knoblauchknollen von den äußeren trockenen Blättern befreien und in Alufolie wickeln. Am Rand des Grills ca. 30 Minuten grillen, bis sie weich sind. Aus der Folie wickeln, in ein Schraubglas drücken, das Öl dazugeben, mit Salz und Pfeffer würzen, verschließen und kurz durchschütteln. Zu dunklem Fleisch, Gemüse oder Baguette.

BLUMENKOHL MIT MANDELN

1 Blumenkohl, 1 EL Butter, ½ EL Olivenöl, 1 TL Kreuzkümmel, 1 TL Koriandersamen, 1 getrocknete rote Chilischote, Salz, 2 EL Mandelstifte oder -blättchen, Saft und Schale von 1 Bio-Zitrone

Den Blumenkohl putzen, waschen und in kleine Röschen schneiden. In kochendem Wasser 1 Minute blanchieren, abgießen, in eine Schüssel geben, kurz ausdampfen lassen. Dann Butter und Olivenöl dazugeben und gut durchmischen. Kreuzkümmel, Koriander und Chili im Mörser zerstoßen, Salz und Mandeln untermischen. Den Grill auf ca. 180 °C vorheizen. Die Gewürzmischung auf Grillplatte bzw. Grillblech leicht anrösten. Blumenkohl dazugeben und unter mehrmaligem Wenden etwa 10–15 Minuten grillen. Nach der Hälfte der Garzeit fein gehackte Zitronenschale dazugeben, zum Schluss mit Zitronensaft ablöschen. Passt gut zu Baguette oder auch zu orientalisch gewürzten roten Linsen.

ZUCCHINI
mit Schafskäse gefüllt

Zutaten für 4 Portionen

- 4 mittelgroße Zucchini
- 1 kleine rote Paprikaschote
- 6 Champignons
- 1 Zwiebel
- 1 Knoblauchzehe
- 1 EL Pflanzenöl
- 300 g Hackfleisch
- Salz
- schwarzer Pfeffer aus der Mühle
- 200 g Schafskäse
- 1 TL Currypulver
- 2 EL Schnittlauchröllchen

Zeitbedarf
- 30 Minuten
- 10 Minuten grillen

Grillunterlage
- Grillplatte oder Grillschale

So geht's

1. Zucchini waschen. Längs je in eine dünnere und eine dickere Hälfte schneiden. Fruchtfleisch aus den dickeren Hälften lösen und würfeln. Die anderen Hälften ebenfalls würfeln.
2. Paprika und Champignons waschen, putzen, in kleine Würfel schneiden. Zwiebel und Knoblauch abziehen und fein hacken.
3. Öl in einer Pfanne erhitzen, das Hackfleisch darin anbraten. Nach 2 Minuten die Zwiebeln, dann Knoblauch und Paprikawürfel dazugeben, mit Salz und Pfeffer würzen. Vom Herd ziehen. Grill auf 220 °C vorheizen.
4. Schafskäse klein würfeln, mit den Pilzen zur Hackmischung geben. Mit Curry abschmecken, Schnittlauch untermischen. In die Zucchinihälften füllen, einzeln in Alufolie wickeln. Auf dem Grill ca. 10 Minuten über direkter Hitze bei geschlossenem Deckel (ohne Deckel ca. 5 Minuten länger) grillen, bis die Zucchini weich sind. Zur Garprobe mit dem Messer einstechen.

Dazu schmeckt ein fränkischer Silvaner besonders gut.

SO SCHMECKT'S AUCH | VEGETARISCH **Dafür das Hackfleisch durch die entsprechend größere Menge Gemüse ersetzen.**

ZWIEBELN
aus dem Piemont

Zutaten für 4 Portionen

- 8 große Zwiebeln
- Salz
- 300 g grobe Bratwurst
- 1 EL Olivenöl
- 1 EL Semmelbrösel
- 1 Ei
- 1 EL Rosinen
- 1 EL Pinienkerne
- 2 Amaretti
- 1 EL geriebener Parmesan
- 1 Prise Muskatnuss
- 1 Prise Zimt
- schwarzer Pfeffer aus der Mühle

Zeitbedarf
- 25 Minuten
- 25 Minuten grillen

Grillunterlage
- Grillplatte oder Grillschale

So geht's

1. Die Zwiebeln schälen und in leicht gesalzenem Wasser 10 Minuten knapp unter dem Siedepunkt garen. Herausnehmen und abtropfen lassen.
2. Das Wurstbrät aus der Pelle lösen und in einer Pfanne in Olivenöl krümelig anbraten. Etwas abkühlen lassen, dann mit Semmelbröseln, verquirltem Ei, Rosinen, Pinienkernen, zerbröselten Amaretti und Parmesan vermischen, mit Muskatnuss, Zimt, Salz und Pfeffer würzen.
3. Den Grill auf mittlere Hitze (ca. 180 °C) vorheizen. Von den Zwiebeln jeweils eine Kappe abschneiden, einen Teil des Inneren mit einem Löffel herauslösen. Die Zwiebeln locker mit der Brätmischung füllen, mit den Kappen verschließen. Auf den Grill setzen, bei geschlossenem Deckel über indirekter Hitze ca. 25 Minuten grillen.

Dazu passt ein junger, kräftiger Dolcetto aus dem Piemont.

FENCHELGRATIN
mit Tomaten & Paprika

Zutaten für 4 Portionen

- 2 Fenchelknollen
- 3 Tomaten
- 2 Schalotten
- 2 Knoblauchzehen
- 1 gelbe Paprikaschote
- 1 EL Thymian
- 2 EL Olivenöl
- Salz
- Pfeffer
- etwas Weißwein
- 4 TL Crème fraîche
- 4 TL gehobelter Parmesan

Zeitbedarf
- 25 Minuten
- ca. 15 Minuten grillen

Grillunterlage
- Grillplatte oder Grillschale

So geht's

1. Fenchel waschen, putzen, das Grün abschneiden, hacken und beiseitestellen. Die Knollen längs halbieren, den Strunk keilförmig herausschneiden. Fenchel in Streifen schneiden.
2. Tomaten vom Stielansatz befreien, mit kochendem Wasser überbrühen, enthäuten, entkernen und fein würfeln. Schalotten und Knoblauch abziehen und fein hacken. Paprika putzen und würfeln. Thymian abzupfen, grob hacken.
3. Den Grill auf starke Hitze (ca. 250 °C) vorheizen. Olivenöl auf die vorgeheizte Grillplatte streichen. Fenchel, Schalotten, Knoblauch und Paprika unter Wenden anbraten. Mit Salz und Pfeffer würzen. In eine Schüssel füllen, mit Tomaten und Thymian mischen.
4. Das Gemüse in 4 kleine Auflaufförmchen füllen, mit Wein beträufeln, je 1 TL Crème fraîche daraufgeben. Über direkter Hitze bei geschlossenem Deckel ca. 4 Minuten grillen. Mit Parmesan bestreuen, bei geschlossenem Deckel ca. 5 Minuten gratinieren. Mit Fenchelgrün bestreut servieren.

Feine Beilage zu Fisch, z. B. Seeteufel. Dazu passt ein Glas Riesling.

AUBERGINEN
mit Tomatensauce

Zutaten für 4 Portionen

- 2 Auberginen
- 2 Knoblauchzehen
- 100 g Pecorino
- 1 Handvoll Basilikumblätter
- Salz
- Pfeffer aus der Mühle
- etwas Olivenöl
- 1 Zwiebel
- 1 Dose geschälte Tomaten
- Weißwein

Zeitbedarf
- 30 Minuten
- 40 Minuten grillen

Grillunterlage
- Grillrost oder Grillplatte

So geht's

1. Auberginen waschen, putzen und trocken tupfen. Knoblauch abziehen, in dünne Scheiben schneiden. Pecorino ebenfalls in dünne Scheibchen schneiden. Basilikum waschen, trocken tupfen.
2. Die Auberginen alle 2 cm auf ganzer Breite einschneiden, aber nicht durchschneiden. In die Einschnitte Knoblauch, Pecorino und die Hälfte der Basilikumblätter stecken. Die Spalten etwas aufziehen, mit Salz und Pfeffer würzen, etwas Olivenöl hineinträufeln.
3. Die Zwiebel abziehen, hacken und in Olivenöl anschwitzen. Die Tomaten dazugeben, mit Salz und Pfeffer würzen, etwas einkochen lassen. Restliches Basilikum hacken, dazugeben, mit einem Schuss Wein abschmecken
4. Den Grill auf mittlere Hitze (ca. 220 °C) vorheizen. Die Auberginen in eine Auflaufform legen, über indirekter Hitze bei geschlossenem Deckel ca. 20 Minuten grillen. Dann die Tomatensauce zu den Auberginen geben, weitere 20 Minuten grillen.

Ein leichter Elbling ist dazu ein schöner Begleiter.

DOSENHÄHNCHEN

mit gebratenem Pak-Choi

DAS BIERDOSENHÄHNCHEN HAT IN DEN LETZTEN JAHREN RICHTIG KARRIERE GEMACHT: HIER KOMMT EINE HOCHAROMATISCHE ASIATISCHE VARIANTE.

Zutaten für 4 Portionen

- 1 Freiland-Hähnchen
- 2 Stängel Zitronengras
- 200 ml grüner Tee
- 2 Bio-Limetten
- 1 EL Palmzucker
- 6 Kaffir-Limettenblätter
- Salz, schwarzer Pfeffer
- 200 g Champignons
- ½ EL Butter
- 2 EL dunkle Sojasauce
- je 1 EL Reisessig und Reiswein
- 500 g Pak-Choi
- 1 rote Thai-Chilischote
- 6 Szechuan-Pfefferkörner
- Öl zum Braten
- 1 TL geröstetes Erdnussöl
- 1 EL Zitronensaft

Zeitbedarf

- 30 Minuten
- 1 Stunde grillen

Grillunterlage

- Grillplatte oder ungelochte Aluschale
- 1 0,33 l-Getränkedose

So geht's

1. Das Hähnchen unter fließend kaltem Wasser innen und außen abspülen, mit Küchenpapier trocken tupfen. Von den Zitronengrasstängeln das untere Ende abschneiden, das äußere Blatt entfernen. Die Stängel mit einem großen Messer andrücken, in 2 cm lange Stücke schneiden und in die gut ausgespülte Dose stecken. Grünen Tee mit dem Saft von 1 Limette und Palmzucker mischen, in die Dose füllen **[→a]**.
2. Den Grill auf schwache Hitze (max. 160 °C) vorheizen. Die zweite Limette in 6 dünne Scheiben schneiden. Jede Scheibe mit 1 Kaffir-Limettenblatt belegen, vorsichtig unter die Haut des Hähnchens schieben **[→b]**. Das Hähnchen innen und außen mit Salz und Pfeffer würzen. Vorsichtig mit dem Hinterteil auf die Dose stecken. Über direkter Hitze bei geschlossenem Deckel ca. 1 Stunde grillen.
3. Champignons putzen und vierteln. In einer Pfanne oder im Wok die Butter zerlassen, die Pilze darin andünsten. Herausnehmen und beiseitestellen. Sojasauce, Essig und Reiswein in der Pfanne oder im Wok erhitzen, in ein Schälchen abgießen und ebenfalls beiseitestellen.
4. Pak-Choi quer in Streifen schneiden. Chilischote entkernen und in feine Streifen schneiden. Pfefferkörner im Mörser zerstoßen. Etwas Öl im Wok erhitzen. Die Pfefferkörner darin anbraten, Pak-Choi und Chilischote zugeben, unter Rühren 3 Minuten braten. In der letzten Minute die Champignons und die Soja-Reiswein-Sauce zugeben. Zum Schluss Erdnussöl und Zitronensaft unterrühren, mit Salz und Pfeffer abschmecken.
5. Das fertig gegrillte Huhn vorsichtig von der Dose ziehen, in Portionen zerteilen und mit dem Gemüse servieren.

Dazu passt sehr gut ein spanischer Tempranillo.

SO GEHT'S AUCH | GRILLDECKEL **Wer keinen Grill mit Deckel hat, kann auch einen Metalleimer verwenden. In diesem Fall muss die Unterlage eine passend große Grillplatte sein oder man legt mehrere Lagen Alufolie auf den Grillrost. Die Grillzeit kann sich bei dieser Variante etwas verlängern.**

[a]

[b]

DAS IST *wirklich* WICHTIG

[a] FÜLLHÖHE Füllen Sie die Dose nur etwa bis zur Hälfte mit Flüssigkeit. So können sich über dem entstehenden Dampf die Aromen des Tees gut entfalten.

[b] ZITRONENSCHEIBEN und Limettenblätter unter die Hähnchenhaut schieben. Dafür vorsichtig mit den Fingern die Haut vom Fleisch lösen und die Scheiben auf die Brust und die Schenkel legen.

DAS IST *wirklich* WICHTIG

[a] BEPINSELN Die Marinade sollte dickflüssig sein, damit sie beim Grillen am Fleisch haftet und nicht zu sehr in die Glut tropft. Versuchen Sie, beim Bepinseln und Wenden der Rippchen möglichst schnell zu sein, denn je länger der Deckel geöffnet ist, desto mehr an Hitze geht verloren.

[a]

RINDER-SPARERIBS

knusprig & geräuchert

ÜBLICHERWEISE NIMMT MAN FÜR SPARERIBS DIE SCHÄLRIPPCHEN VOM SCHWEINEBAUCH. WIR MACHEN DAS HIER EINFACH MAL MIT RIND ...

Zutaten für 4 Portionen

- 3 kg geräucherte Rinder-Rippchen (beim Metzger vorbestellen)
- 1 TL Salz
- 4 Knoblauchzehen
- 4 EL dunkle Sojasauce
- 2 EL japanischer Reiswein (Sake)
- 2 EL Honig
- 100 ml Ketchup
- 100 ml pürierte Tomaten
- 1 EL Tomatenmark
- 2 EL grobkörniger Senf
- 2 TL Chilipulver
- 1 TL Fünf-Gewürze-Pulver
- schwarzer Pfeffer aus der Mühle
- 2 Handvoll Mesquite-Holzchips

Zeitbedarf

- 10 Minuten
- 2 Stunden garen
- 30 Minuten marinieren und wässern
- 15 Minuten grillen

Grillunterlage

- Grillrost oder -platte
- Räucherbox

So geht's

1. Die Rippen in einem großen Topf mit kaltem Salzwasser bedeckt zum Kochen bringen und bei mittlerer Hitze zugedeckt ca. 2 Stunden köcheln lassen.
2. Den Knoblauch abziehen und fein hacken. In einer Schüssel mit Sojasauce, Reiswein, Honig, Ketchup, pürierten Tomaten, Tomatenmark, Senf und den Gewürzen verrühren. Die Rippchen auf eine große flache Schale oder auf ein Backblech legen. Von beiden Seiten mit der Sauce bestreichen und kurz marinieren. Die Holzchips 30 Minuten in Wasser einweichen.
3. Den Grill auf mittlere Hitze (ca. 200 °C) vorheizen. Die Holzchips abtropfen lassen, in die Räucherbox füllen und auf den Grill stellen. Den Deckel schließen. Sobald sich heller Rauch entwickelt, die Spareribs auf den Grill legen, erneut mit der Marinade bestreichen und bei geschlossenem Deckel über direkter Hitze 5 Minuten grillen. Diesen Vorgang dann noch zweimal nach je 5 Minuten wiederholen [→a], die Spareribs dabei wenden. Nach ca. 15 Minuten sind sie fertig gegrillt, außen schön knusprig und innen noch zart.

Dazu passen ein Tomatensalat, Bauernbrot und ein kräftiger Merlot aus dem Holzfass.

SO SCHMECKT'S AUCH | MARINIEREN **Wer die Rippchen nicht vorkochen will, kann sie auch dick mit Marinade einstreichen, in Alufolie wickeln und bei ca. 100 °C über indirekter Hitze ca. 2 Stunden bei geschlossenem Deckel grillen. Dann aus der Folie wickeln und ein paar Minuten kross grillen.**

Die Variante

Schweine-Rippchen
3 kg Schweine-Rippchen, Salz, Saft und Schale von 1 Bio-Orange, 2 EL Honig, 1 gehackte Chilischote, 4 gehackte Knoblauchzehen, 1 TL Rosenpaprika, Pfeffer, 1 EL Tomatenmark

Die Schweinerippchen in kaltem Salzwasser aufsetzen und 1 Stunde leise köcheln lassen. Den Orangensaft mit den übrigen Zutaten zu einer Marinade verrühren. Die Rippchen auf ein Blech legen, mit der Marinade bestreichen und kurz einziehen lassen. Danach 10 – 15 Minuten über starker direkter Hitze grillen.

REINGELEGT!

Würzige Marinaden

FRÜHER BENUTZTE MAN MARINADEN ODER BEIZEN, UM FLEISCH UND FISCH HALTBARER ZU MACHEN ODER UM DEN ALLZU INTENSIVEN GESCHMACK VON WILD ODER ÄLTEREM FLEISCH ZU MILDERN. HEUTE WERDEN DIE WÜRZIGEN ZARTMACHER EINGESETZT, UM DEM GRILLGUT EINE RAFFINIERTE NOTE ZU GEBEN.

Marinaden enthalten meistens säurehaltige Flüssigkeiten, wie z. B. Zitronensaft, Essig, Wein, Buttermilch, um das Fleisch mürbe und zart zu machen. Öl, Gewürze und Kräuter, die damit vermischt werden, sorgen für Geschmack. Salz entzieht Flüssigkeit und sollte daher, vor allem, wenn die Marinade länger einwirken soll, nicht verwendet werden.

SO WIRD'S GEMACHT

- Ideal, besonders für wenig Marinade, sind Plastiktüten mit Zip-Verschluss: Fleisch oder Fisch mit der Marinade in die Tüte geben, die Luft herausdrücken, zuziehen und in den Kühlschrank legen. Die Tüten haben auch den Vorteil, dass man sie geschickter und platzsparender unterbringen kann als eine Schüssel.
- Pro Tag dringt Marinade ca. 1 cm tief in das Fleisch ein. Größere Teile können 1–2 Tage in der Marinade bleiben, in Stücke oder Streifen Geschnittenes braucht nicht länger als maximal 2 Stunden. Vorsicht bei zartem Fleisch oder Fisch, sie können durch Marinaden, die zu lange einwirken, zersetzt werden.
- Grillgut, das über Nacht kühl gestellt in der Marinade durchzieht, 1–2 Stunden vor der Zubereitung herausnehmen, damit es Zimmertemperatur annehmen kann.
- Bevor man das Grillgut auflegt, sollte man die Marinade abstreifen. Denn Gewürze, die beim Grillen verbrennen, sorgen leicht für scharfen und bitteren Geschmack.

ROTWEIN-MARINADE

¼ l trockener Rotwein, 4 gehackte Petersilienstängel (ohne Blätter), 2 gehackte Knoblauchzehen, 1 TL gehackter Rosmarin, 1 TL gehackter Thymian, 1 Prise Salz, 10 angedrückte schwarze Pfefferkörner

Alle Zutaten in einer Schüssel verrühren. Passt besonders gut für Rindersteaks.

BIER-MARINADE

150 ml Bier, 1 EL Senf, ½ fein gehackte Zwiebel, 1 Lorbeerblatt, 2 in feine Scheibchen geschnittene Knoblauchzehen, 1 der Länge nach aufgeschnittene rote Chilischote mit Samen, 2 EL Öl

Alle Zutaten vermischen. Passt gut für Schweine- oder Rindersteaks, die man darin 1–2 Tage einlegt.

HÄHNCHEN-MARINADE

50 ml Teriyaki-Sauce oder Ketjap Manis, 40 ml Olivenöl, etwas Knoblauch nach Wunsch, Saft von 1 Limette

Alle Zutaten in einer kleinen Schüssel miteinander verrühren.

PUTENSTEAK-MARINADE

100 g Joghurt, 1 TL Curry, 3 EL gehackter Oregano und Thymian, Knoblauch nach Wunsch, Saft von ½ Zitrone

Die Zutaten in einer kleinen Schüssel miteinander verrühren.

LAMMKEULEN-MARINADE

1 Handvoll gehackte Minzeblätter, Saft von 2 Zitronen, 4 EL Olivenöl, 2 angedrückte Knoblauchzehen, 1 EL gemörserter Koriandersamen, 1 EL gemörserter Kümmel, 1 EL Paprikapulver, 1 TL Cayennepfeffer

Alle Zutaten verrühren. Ist der Knochen ausgelöst, die Keule mit der Marinade in eine Plastiktüte geben. Bei Keulen mit Knochen die Marinade gut ins Fleisch einmassieren, mit Frischhaltefolie umwickeln. Auf einer Schale in den Kühlschrank legen und alle 2 Stunden wenden.

WILDSCHWEIN-MARINADE

100 ml Olivenöl, 1 fein gehackte Zwiebel, 2 angedrückte Knoblauchzehen, 1 kleine Handvoll Thymianblättchen, 80 ml helle Sojasauce, 1 TL Senfpulver, 1 kleine Handvoll gehackte Basilikumblätter

Alle Zutaten in einer Schüssel verrühren. Wildschweinsteaks darin bis zu 3 Tage durchziehen lassen.

FISCH-MARINADE

2 Schalotten, 1 Knoblauchzehe, 1 EL helle Sojasauce, 1 EL vietnamesische Fischsauce, 6 EL Bio-Gemüsebrühe, 3 EL Sherry, 1 TL Honig, Salz

Schalotten und Knoblauch abziehen, fein würfeln und mit den restlichen Zutaten vermischen. Fischfilets darin 1 Stunde einlegen, ganze Fische (die Haut 2- bis 3-mal schräg bis zu den Gräten einschneiden) ca. 4 Stunden.

GRILL-PIZZA
à la Margherita

FÜR DIESEN ITALIENISCHEN KLASSIKER BRAUCHT MAN EINEN ECHTEN PIZZAOFEN, SAGT MAN – ODER EIN PAAR GUTE IDEEN BEIM GRILLEN!

Zutaten für 2 große Pizzen

- 500 g Mehl Typ 405
- 2 TL Salz
- 1 Würfel frische Hefe (42 g)
- 250 ml lauwarmes Wasser
- 1 Prise Zucker
- 2 EL Olivenöl
- 2 große, reife Fleischtomaten
- 400 g Mozzarella
- 2 Handvoll Basilikumblätter
- Salz
- schwarzer Pfeffer aus der Mühle
- Öl zum Bestreichen

Zeitbedarf
- 20 Minuten
- mind. 2 Stunden ruhen
- ca. 5 – 10 Minuten grillen

Grillunterlage
- Grillplatte

So geht's

1. Das Mehl in eine Rührschüssel füllen und mit Salz bestreuen. In die Mitte eine Mulde drücken. Die zerbröckelte Hefe in der Mulde mit etwas lauwarmem Wasser und etwas Mehl zu einem weichen Vorteig verrühren. Eine Prise Zucker darüberstreuen. An einem warmen Ort mit einem Küchenhandtuch bedeckt ca. 30 Minuten gehen lassen.
2. Nach und nach das restliche lauwarme Wasser und das Öl zugeben, alles kräftig miteinander verkneten. Der Teig sollte sich locker von den Händen lösen, deshalb vorsichtshalber nicht gleich die gesamte Wassermenge dazugeben. Den Teig halbieren, zu Kugeln formen und zugedeckt gehen lassen, bis sich das Volumen verdoppelt hat.
3. Tomaten waschen, vom Stielansatz befreien, in dünne Scheiben schneiden. Mozzarella ebenfalls in dünne Scheiben schneiden. Basilikumblätter waschen und trocken tupfen. Den Grill auf volle Leistung (mindestens auf 250 °C) vorheizen.
4. Aus dem Teig auf einer bemehlten Fläche 2 Pizzen ausrollen, die Oberseite mit etwas Öl bestreichen, die bestrichene Seite auf die Grillplatte legen [→a]. 2 Minuten über direkter Hitze grillen. Vom Grill nehmen, auf ein Backblech legen, die andere Seite mit Öl bestreichen.
5. Die bereits angegrillte Seite mit Tomaten, Mozzarella und Basilikumblättern belegen, mit Salz und Pfeffer würzen. Die Pizza wieder auf die Grillplatte legen, den Deckel schließen und je nach Hitze und gewünschter Knusprigkeit 3 – 8 Minuten fertig grillen.

Dazu passen ein gemischter Salat und ein sommerlicher Rosé.

Die Varianten

Auch wenn in Italien als „echte" Pizzen nur die Margherita und die Marinara (mit Tomaten, Knoblauch, Oregano, Olivenöl) durchgehen, sollte man die folgenden Kombinationen ausprobieren:

- 200 g in Scheiben geschnittene Garnelen, 2 TL Chiliöl, 2 TL feinst gehackter Ingwer, 2 EL Korianderblättchen
- 200 g spanische Chorizo in Scheibchen, 4 EL schwarze Oliven in Scheiben, 1 Handvoll Rucola
- 200 g Putenbruststreifen, Currypulver, 150 g Ananasstückchen
- 200 g gebratenes Hackfleisch, 1 rote Zwiebel, 2 Knoblauchzehen in dünnen Scheibchen, 150 g Kidneybohnen (aus der Dose), 4 EL Sauerrahm

SO GEHT'S AUCH | DER PIZZA-TEIG **wird besonders knusprig, wenn man vorgeheizte Schamottsteine (3 – 4 cm dick) verwendet. Sie speichern die Hitze gut, geben sie ab und regulieren dabei die Feuchtigkeit. Gibt es als Grillzubehör und – billiger – auch als „Abfallstücke" beim Ofenbauer.**

[a]

DAS IST *wirklich* WICHTIG

[a] PIZZABODEN Den Teig mit einer Teigrolle oder einer Flasche möglichst dünn und vor allem gleichmäßig ausrollen. Ist er zu dick, gart er eventuell nicht durch, während der Belag bereits zu dunkel wird. Angegrillt werden soll die erste Seite wirklich nur so lange, dass sie hellbraun ist und auf keinen Fall dunkel wird und Blasen wirft.

SPITZPAPRIKA
mit Weißwurst gefüllt

Zutaten für 4 Portionen

- 4 große rote Spitzpaprika-schoten
- 4 Weißwürste
- 1 Zwiebel
- 2 Knoblauchzehen
- 2 Karotten
- 1 Bund Majoran
- 1 EL Butter
- 4 EL pürierte Tomaten
- Salz
- schwarzer Pfeffer aus der Mühle
- 1 TL Paprikapulver
- Zahnstocher

Zeitbedarf
- 25 Minuten
- 10 Minuten grillen

Grillunterlage
- Grillplatte oder Grillschale

So geht's

1. Die Paprikaschoten waschen, den Deckel abschneiden und beiseitelegen. Die Kerne und die Trennwände mit einem langen, schmalen Messer entfernen.
2. Das Brät aus den Weißwürsten drücken und klein schneiden. Die Zwiebel und die Knoblauchzehen abziehen und fein hacken. Die Karotten schälen und mittelgrob raspeln. Majoran waschen, trocken tupfen, die Blättchen abzupfen und hacken.
3. Die Butter in einer Pfanne zerlassen. Zuerst die Zwiebeln, dann die Karotten, das Brät und schließlich den Knoblauch anschwitzen, aber nicht rösten. Das Tomatenpüree und den Majoran zugeben, bei kleiner Hitze ein paar Minuten ziehen lassen, sodass etwas Flüssigkeit verdampft. Mit Salz, Pfeffer und Paprikapulver würzen. Die Masse sollte saftig, aber nicht flüssig sein.
4. Den Grill auf mittlere Hitze (ca. 200 °C) vorheizen. Die Brätmasse, am besten mit einem langen Eislöffel, in die Paprikaschoten füllen. Die Deckel wieder aufsetzen und mit 2 Zahnstochern fixieren. Die Schoten auf den Grill legen und über direkter Hitze von allen Seiten in ca. 10 Minuten grillen. Die Paprikaschoten dürfen dabei ruhig etwas braun werden.

Dazu passen süßer Senf und ein Glas Portugieser.

SO SCHMECKT'S AUCH | SCHNELLE VARIANTE **Dafür die Weißwürste in einer Suppenschüssel mit kochendem Wasser überbrühen und 5 Minuten ziehen lassen. In der Zwischenzeit die Spitzpaprika vorbereiten und innen mit süßem Senf bestreichen. Die Würste pellen, 1 ganze in jede Paprikaschote stecken. Auf den Grill legen und in ca. 10 Minuten rundum bräunen lassen.**

SPITZPAPRIKA
mit Lachsreis gefüllt

Zutaten für 4 Portionen

- 100 g Reis
- 4 große Spitzpaprikaschoten
- 1 Zwiebel
- 300 g Lachsfilet ohne Haut
- einige Zweige Dill
- 200 g Crème fraîche
- Salz
- schwarzer Pfeffer aus der Mühle
- 1 Bio-Zitrone

Zeitbedarf
- 20 Minuten
- 15 Minuten kochen
- 10 Minuten grillen

Grillunterlage
- Grillplatte oder Grillschale

So geht's

1. Den Reis nach Packungsangabe garen. Die Paprikaschoten waschen, Deckel abschneiden und beiseitelegen, Kerne und Trennwände entfernen. Zwiebel abziehen und sehr fein hacken. Den Lachs in 2 cm große Würfel schneiden. Den Dill waschen, trocken tupfen und hacken.
2. Zwiebel, Lachswürfel, Crème fraîche und Dill vermischen, mit Salz und Pfeffer würzen. Mit dem warmen Reis vermengen, mit etwas Zitronensaft und abgeriebener Zitronenschale abschmecken.
3. Den Grill auf mittlere Hitze (ca. 200 °C) vorheizen. Die Paprikaschoten mit der Reis-Lachs-Mischung füllen, den Deckel aufsetzen und mit Zahnstochern fixieren. Die Schoten auf den Grill legen und offen über direkter Hitze von allen Seiten in ca. 10 Minuten grillen.

Dazu schmecken Baguette und ein feinherber Riesling Spätlese aus dem Rheingau.

SO GELINGT'S | DER LACHS **muss nicht vorher angebraten werden. Er wird auch durch den heißen Reis in der Füllung gar und bleibt so schön saftig.**

PAPRIKASCHOTEN
mit Reis-Käse-Füllung

Zutaten für 4 Portionen

- 150 g Langkornreis
- 4 große rote (Spitz-)Paprikaschoten
- 2 Tomaten
- 100 g Mozzarella
- ½ Bund Thymian
- 150 g Frischkäse
- 3 EL kleine Kapern
- Salz
- Pfeffer aus der Mühle
- Öl zum Anbraten
- Zahnstocher

Zeitbedarf
- 20 Minuten
- 15 Minuten kochen
- 15 Minuten grillen

Grillunterlage
- Grillplatte oder Grillpfanne

So geht's

1. Den Reis nach Packungsangabe garen. Paprikaschoten waschen, den Deckel abschneiden und beiseitelegen, Kerne und Trennwände entfernen.
2. Die Tomaten vom Stielansatz befreien, halbieren, die Kerne entfernen, das Fruchtfleisch in kleine Würfel schneiden. Mozzarella klein würfeln. Thymian waschen, trocken tupfen, von den Stielen zupfen und hacken. Den Frischkäse in einer Schüssel mit Tomaten, Mozzarella, Thymian und Kapern vermischen, mit Salz und Pfeffer würzen. Den Grill auf mittlere Hitze (ca. 200 °C) vorheizen.
3. Den Reis auf der Grillplatte oder in der Grillpfanne mit etwas Öl anbraten. Zur Frischkäsemischung geben, gut vermengen. Die Paprikaschoten mit der Reis-Käse-Mischung füllen, die Deckel aufsetzen und mit Zahnstochern fixieren.
4. Die Schoten einzeln in Alufolie packen, über direkter Hitze unter mehrmaligem Wenden ca. 12–15 Minuten grillen.

Dazu passt ein Glas frischer Weißburgunder.

[a]

[b]

DAS IST *wirklich* WICHTIG

[a] + [b] EINSALZEN Dadurch wird den Auberginen und Zucchini Wasser entzogen. Und so kann man verhindern, dass sich das Gemüse beim Anbraten zu sehr mit Öl vollsaugt.

GEMÜSEPÄCKCHEN
mit Zitronenbutter

DER SOMMER VERWÖHNT UNS MIT EINEM REICHHALTIGEN ANGEBOT AN FRISCHEM UND SCHMACKHAFTEM GEMÜSE. DAS SOLLTEN WIR NUTZEN!

Zutaten für 4 Portionen

- 2 Bio-Zitronen
- 4 Zweige Zitronenthymian
- 2 Zweige Olivenkraut
- 5 Knoblauchzehen
- 125 g weiche Butter
- Salz, schwarzer Pfeffer
- 1 kleine Aubergine
- 1 Zucchini
- 8 Kirschtomaten
- 1 rote Zwiebel
- 8 Champignons
- 3 Frühlingszwiebeln
- 1 kleine Handvoll Gartenkräuter (z. B. Oregano, Petersilie, Rosmarin)
- Öl zum Grillen
- 4 Kaffir-Limettenblätter

Zeitbedarf

- 30 Minuten
- 30 Minuten ziehen
- 10 Minuten grillen

Grillunterlage

- Grillplatte, Grillpfanne oder Grillblech

So geht's

1. Die Zitronen heiß abspülen, trocknen, mit einem Zestenschneider die Schalen abziehen und fein hacken. Thymian- und Olivenkraut waschen, trocken tupfen, die Blättchen von den Stängeln streifen und fein hacken. 1 Knoblauchzehe abziehen und fein hacken.
2. Die Butter in einer Schüssel mit Zitronenschale, Kräutern, Knoblauch, Salz und Pfeffer mit einer Gabel gut verrühren. Aubergine und Zucchini quer in ½ cm dicke Scheiben schneiden. Mit Salz bestreuen, kurze Zeit stehen lassen **[→a]**.
3. In der Zwischenzeit die Kirschtomaten waschen und abtropfen lassen. Die Zwiebel abziehen und in Streifen schneiden. Champignons putzen und grob in Stücke schneiden. Frühlingszwiebeln putzen, waschen, die weißen Teile schräg in 2 cm breite Ringe schneiden. Gartenkräuter waschen, trocken tupfen und hacken.
4. Den Grill auf mittlere Hitze (ca. 180 °C) vorheizen. Auberginen und Zucchini mit Küchenpapier gründlich trocken tupfen. Mit etwas Öl das Gemüse, bis auf Tomaten und Pilze, auf dem Grill unter Wenden 5 Minuten knackig anbraten **[→b]**. Dann für 1 Minute die Pilze und die Tomaten zugeben. Mit den Kräutern würzen.
5. 4 Stücke Alufolie auslegen, das Gemüse darauf mittig verteilen. Jeweils 1 Kaffir-Limettenblatt darauflegen, ½ EL Zitronenbutter dazugeben. Die restlichen Knoblauchzehen in der Schale andrücken und zum Gemüse legen.
6. Die Päckchen schließen und, wenn möglich bei geschlossenem Deckel, 5 Minuten fertig grillen, bis die Butter geschmolzen ist und sich mit dem Aroma der Limettenblätter verbunden hat.

Dazu passt ein fruchtiger feinherber Rosé.

Die Variante

Blumenkohl mit Parmesan
½ Blumenkohl, 6 Kirschtomaten, 3 Knoblauchzehen, evtl. 50 g Speck, Olivenöl, Salz, Pfeffer, 1 kleine Handvoll Rucola, 30 g Parmesan, 4 EL Balsamico.

Den Blumenkohl in sehr kleine Röschen schneiden. Auf der Grillplatte mit den halbierten Kirschtomaten, den angedrückten Knoblauchzehen und evtl. mit Speckwürfeln mit etwas Olivenöl anbraten. Mit Salz und Pfeffer würzen. Sofern vorhanden, den Deckel schließen, zwischendurch immer wieder mit Spateln das Gemüse bewegen. Nach 10 Minuten ist der Blumenkohl bissfest. Rucola dazugeben, nochmals durchmischen und auf Tellern anrichten. Den Parmesan darüberhobeln. Mit Balsamico (langsam in einem Töpfchen reduziert) beträufeln.

SO SCHMECKT'S AUCH | GEMÜSEPÄCKCHEN **kann man mit verschiedenen Sorten, je nach Saison, zubereiten. Härtere Gemüse, wie Karotten, Blumenkohl oder Kohlrabi, vorher kurz blanchieren, außer man schneidet sie in sehr kleine Stücke.**

OBST VOM GRILL

als Dessert oder Snack

WER BEIM THEMA GRILLEN IMMER NUR AN FLEISCH, FISCH UND GEMÜSE DENKT, VERPASST EINEN GANZ BESONDERS KÖSTLICHEN BEREICH – DAS OBST.

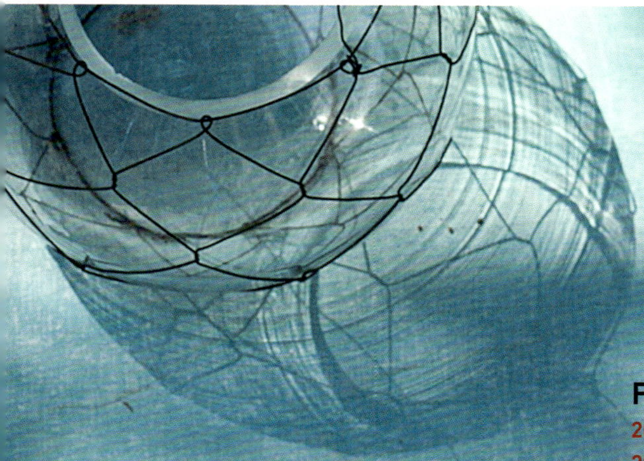

FRUCHTSPIESSE

2 Bananen, 4 Kiwis, 2 Pfirsiche, 12 Kirschen, 8 Erdbeeren (oder andere Früchte der Saison), 2 EL Zucker, 2 EL Rum, Saft von ½ Orange, 1–2 EL Honig, 200 g Kuvertüre, evtl. 1 Chilischote, Holzspieße

Die Früchte waschen, putzen, in Stücke oder Scheiben schneiden und in eine Schüssel geben. Zucker mit 1 EL Rum und Orangensaft verrühren, über die Früchte geben. 10 Minuten marinieren. Die Marinade abgießen, in einem Topf mit Honig und 1 EL Rum einkochen lassen. Die Früchte gemischt auf gewässerte Holzspieße stecken. Auf dem Grill in einem Töpfchen die Kuvertüre, evtl. mit gehackter Chilischote, schmelzen lassen. Die Fruchtspieße auf der Grillplatte von allen Seiten über direkter mittlerer Hitze (ca. 180 °C) maximal 3 Minuten grillen, dabei mehrmals mit der eingekochten Marinade bestreichen. Auf Tellern anrichten, mit der geschmolzenen Schokolade überziehen und servieren.

FEIGEN MIT RICOTTA

200 g Ricotta, 100 g Schmand, 50 g Puderzucker, 200 g Sahne, 8 Feigen, 2 EL Honig, 150 ml Orangensaft

Für die Creme Ricotta mit Schmand vermischen, den Puderzucker unterrühren, bis er sich aufgelöst hat. Die Sahne steif schlagen und unterheben. Die Creme für mindestens 1 Stunde in den Kühlschrank stellen. Die Feigen waschen, mit einem Spieß mehrmals einstechen. In einer flachen Schale Honig und Orangensaft vermischen, die Feigen hineinsetzen, 30 Minuten marinieren, dabei mehrmals wenden. Danach auf der Grillplatte über direkter mittlerer Hitze (ca. 180 °C) unter mehrmaligem Wenden 7–8 Minuten grillen. Die Feigen mit der Creme servieren.
Lecker schmeckt die Creme auch mit in Amaretto eingeweichten Amarettini.

GEFÜLLTE ORANGEN

4 große Bio-Orangen, 2 Eier, 50 g Puderzucker, 1 Schuss Orangenlikör, 100 ml Sahne

Von den Orangen oben eine Kappe abschneiden. Das Fruchtfleisch aushöhlen und in kleine Würfel schneiden. Die Eier trennen. Eigelbe und Puderzucker mit den Schneebesen des Handrührgeräts schaumig rühren, Orangenlikör dazugeben. Sahne steif schlagen und unterheben. Die Eiweiße steif schlagen und vorsichtig mit der Eigelb-Sahne-Masse und den Orangenwürfeln mischen. In die ausgehöhlten Orangen füllen und auf dem Grill in einer Aluschale über indirekter Hitze 20 Minuten bei mittlerer Hitze (ca. 200 °C) garen. Zum Schluss mit etwas Puderzucker bestäuben.

ANANAS & MELONE

1 Ananas, ½ kleine Wassermelone, Fleur de Sel, Currypulver

Die Ananas schälen, in Scheiben oder Streifen schneiden, dabei den harten Strunk entfernen. Die Wassermelone in Spalten schneiden. Schale und Kerne entfernen, das Fruchtfleisch in Stücke schneiden. Die Früchte auf der Grillplatte oder dem Grillblech über direkter mittlerer Hitze (ca. 180 °C) in 3–4 Minuten von beiden Seiten grillen. Mit Fleur de Sel und Currypulver nach Geschmack würzen.

GRILLBANANEN INDISCH

4 Bananen, 4 TL Zucker, 2 TL Garam Masala

Die Bananen ganz und mit Schale auf den Grill legen und über direkter mittlerer Hitze (ca. 180 °C) ca. 10 Minuten grillen, bis die Schale fast schwarz geworden ist. Dabei ab und zu wenden. Dann der Länge nach halbieren und mit einer Mischung aus Zucker und Garam Masala im Verhältnis 3:1 bestreuen. Warm servieren.

SOMMERPARTY
BBQ Open

STRAHLEND BLAUER HIMMEL, ANGENEHME TEMPERATUREN – EIN TAG WIE GEMACHT, UM MIT FREUNDEN EIN SOMMERFEST ZU FEIERN. DER GRILL STEHT DABEI IM MITTELPUNKT, DOCH AUCH DAS DRUMHERUM SOLLTE STIMMEN.

Kennen Sie den Unterschied zwischen deutschem Grillen und einem amerikanischen BBQ oder südafrikanischem Braai? Wir werfen den Grill an, brutzeln das Grillgut und essen dann gemeinsam. Und wenn man Gäste erwartet, sollte bei ihrem Eintreffen möglichst schon alles vorbereitet sein. Bei BBQ und Braai hingegen ist der Grill nicht nur Mittel zum Zweck. Man trifft sich, um zu grillen. Es sind Feste, die sich über viele Stunden ziehen. Immer wieder wird Holzkohle nachgelegt oder das Gas wieder hochgefahren, weil ein neuer Gast dazustößt, weil ein weiteres Gericht auf den Rost kommt oder vielleicht auch nur, weil der kleine Hunger erneut anklopft.

Probieren Sie doch auch mal diese Variante aus und laden Sie zu einem Barbecue: ganz ohne Eile, die Hitze ist reduzierter, die Stimmung ganz entspannt. Verbringen Sie mit Ihrer Familie und mit Freunden schöne Stunden, die als kleiner Urlaub im Gedächtnis haften bleiben.

Ein langes, ungezwungenes Sommerfest also, vielleicht auch mit Motto. Das hört sich zwar immer etwas gewollt an, doch mit ein paar Ideen und dabei mit erstaunlich wenig Aufwand lässt sich vieles zaubern – z. B. ein mediterranes Erlebnis, eine Party im Stil der 1960er Jahre oder ...

Stimmen Sie auch das Essen auf das Drumherum ab: Sommersalate, vielleicht aus Wildkräutern, die jetzt Saison haben, essbare Blüten, Fleisch und Fisch mit Gemüse, saftige Früchte. Leichte Küche also und auch leichte Weine. Stellen Sie Riesling kalt, aber auch genügend Secco, Sekt sowie Cidre oder Traubensaft. Nicht jeder mag viel oder überhaupt Alkohol. Für den großen Durst gibt es aromatisiertes Wasser: Einfach mit Limettenscheiben und Minzeblättchen in eine große Karaffe füllen – das erfrischt richtig.

Bei sommerlichen Temperaturen kann sich das Fest bis in die Nachtstunden hinziehen. Offenes Licht schafft dabei immer eine ganz besondere Atmosphäre, wirkt animierend und entspannend. Dekorieren Sie Garten oder Terrasse großzügig mit Feuer: mit Kerzen, Fackeln oder Öllampen. Ein extravaganter Hingucker ist beleuchtetes Trockeneis.

INA

DAS IST *wirklich* WICHTIG

[a] + [b] FÜLLEN Die Hühnerbrüstchen so füllen, dass aus den Taschen möglichst nichts herausragt und auf dem Grill auslaufen kann. Tomaten und Mozzarella halten das Fleisch schön saftig.

[a]

[b]

HÄHNCHENBRUST
auf mediterrane Art

HIER WIRD DAS ZARTE HÄHNCHENFILET NICHT EINFACH NUR GEBRATEN, SONDERN AUCH NOCH MIT KÄSE UND TOMATEN SAFTIG GEFÜLLT.

Zutaten für 4 Portionen

- 500 g Karotten
- 2 EL Sesamöl
- 1 TL Sesamsamen
- 5–6 Zweige Thymian
- 1 EL Essig
- 4 EL Olivenöl
- schwarzer Pfeffer aus der Mühle
- Salz
- 1 Prise Zucker
- 4 Hähnchenbrüste à 200 g
- 8 große Basilikumblätter
- 8 dünne Scheiben Mozzarella
- 4 dünne Scheiben Tomaten
- 1 TL Kräuter der Provence
- ½ TL Paprikapulver
- ½ TL Currypulver
- Zahnstocher

Zeitbedarf

- 20 Minuten
- ca. 20 Minuten grillen

Grillunterlage

- geriffelte Grillplatte oder Grillblech

So geht's

1. Den Grill auf mittlere Hitze (ca. 200 °C) vorheizen. Die Karotten putzen und schälen. Entweder mit einem scharfen Messer oder mit dem Sparschäler längs in feine Streifen, diese dann in etwa 3 cm lange Stücke schneiden.
2. Etwas Sesamöl auf die heiße Grillplatte geben und mit einem Pinsel auf der gesamten Fläche verteilen. Karotten nebeneinander darauf auslegen, von beiden Seiten je nach Dicke der Scheiben jeweils 1–2 Minuten über direkter Hitze angrillen, sodass sie noch schön knackig sind. Fertige Karotten kurz auf Küchenpapier legen, dann in eine Schüssel geben. Den Vorgang wiederholen, bis alle Karottenstreifen gegrillt sind.
3. Die Karotten mit Sesamsamen bestreuen. Thymianblättchen von den Zweigen zupfen und ebenfalls dazugeben. Essig, 2 EL Olivenöl, Pfeffer, Salz und Zucker zufügen, gut durchmischen und durchziehen lassen.
4. Die Hähnchenbrüste unter fließend kaltem Wasser abspülen und trocken tupfen. Mit einem scharfen Messer quer einschneiden, aber nicht durchschneiden, sodass eine Tasche entsteht. Jeweils 2 Basilikumblätter, 2 Scheiben Mozzarella und 1 Scheibe Tomaten einfüllen, mit 1–2 Zahnstochern verschließen [→a].
5. In einer flachen Schale Kräuter der Provence, Paprika- und Currypulver mit dem restlichen Olivenöl mischen und die Hähnchenbrüste darin von allen Seiten wenden. Über direkter Hitze und bei geschlossenem Deckel von beiden Seiten in ca. 8 Minuten grillen, bis das Fleisch auf Fingerdruck fest zurückfedert [→b].
6. Die Zahnstocher entfernen, die Hähnchenbrüste in Scheiben schneiden und mit dem Karottensalat anrichten.

Dazu passen Ciabatta und ein leichter Sauvignon blanc.

Die Variante

Hähnchenbrust mit Paprika
1 rote Paprikaschote, 1 scharfe rote Peperoni, 1 EL Olivenöl, 1 EL Zitronensaft, schwarzer Pfeffer aus der Mühle, Salz, 4 Hähnchenbrüste à 200 g, ½ TL Paprikapulver, Schale von 1 Bio-Zitrone, 1 EL Rapsöl

Paprika waschen, putzen, in kleine Würfel schneiden. Peperoni putzen, entkernen, ebenfalls würfeln. Beides mit Olivenöl, Zitronensaft, Pfeffer und Salz mit dem Stabmixer pürieren. Die Hähnchenbrüste mit etwas Paprika, gehackter Zitronenschale, Salz und Pfeffer einreiben. Auf der mit etwas Öl bestrichenen Grillplatte über direkter mittlerer Hitze (ca. 200 °C) offen von beiden Seiten je ca. 2 Minuten anbraten. In eine Grillpfanne legen, die pürierte Paprikamischung darauf verteilen und bei geschlossenem Deckel über indirekter Hitze in ca. 5 Minuten fertig garen. Mit einem gemischten Salat servieren.

LAMM-KEBAB
arabisch gewürzt

Zutaten für 4 Portionen

- 2 EL Pistazien
- 50 g getrocknete Aprikosen
- 1 rote Chilischote
- 2 Knoblauchzehen
- ½ TL Kreuzkümmelsamen
- ½ TL Koriandersamen
- 4 Zweige Zitronenthymian
- 500 g Lammhackfleisch (oder 300 g Lamm- und 200 g Schweinehackfleisch)
- 1 TL Ras el Hanout
- Schale von ½ Bio-Zitrone
- Salz
- schwarzer Pfeffer aus der Mühle
- 1–2 EL Olivenöl
- Metallspieße

Zeitbedarf
- 30 Minuten
- 8–10 Minuten grillen

Grillunterlage
- Grillplatte oder -schale

So geht's

1. Die Pistazien klein hacken, in einer beschichteten Pfanne ohne Fett kurz anrösten, ohne dass sie Farbe nehmen. Die Aprikosen sehr fein würfeln. Die Chili waschen, putzen, mit den Kernen fein würfeln. Den Knoblauch abziehen und fein hacken. In einem Mörser getrennt voneinander den Kreuzkümmel und die Koriandersamen zerstoßen. Die Thymianblättchen abzupfen und hacken.
2. Alle Zutaten mit dem Hackfleisch (gemischtes Hack wird etwas lockerer) mischen, mit Ras el Hanout, abgeriebener Zitronenschale, Salz und Pfeffer kräftig abschmecken und gut verkneten. Den Grill auf mittlere Hitze (ca. 200 °C) vorheizen.
3. Aus der Hackfleischmischung mit angefeuchteten Händen 8 gleichmäßig lange Rollen formen. Auf Metallspieße stecken und mit Öl bepinseln. Die Spieße auf den Grill legen und über direkter Hitze unter Wenden ca. 8–10 Minuten grillen, je nach Dicke der Hackrollen.

Dazu passen Tomatensalat und ein frischer Rosé.

LAMM-SPIESSE
mit Gemüse

Zutaten für 4 Portionen

- 800 g mageres Lammfleisch aus der Hüfte
- 4 Zweige Oregano
- 4 Zweige Majoran
- Salz
- schwarzer Pfeffer aus der Mühle
- 3 EL Olivenöl
- 2 rote Paprikaschoten
- 200 g Cocktailtomaten
- 100 g große schwarze mit Knoblauch, Paprika oder Mandeln gefüllte Oliven

Zeitbedarf
- 15 Minuten
- 1 Stunde marinieren
- 8–10 Minuten grillen

Grillunterlage
- Grillplatte oder Grillrost

So geht's

1. Das Lammfleisch in ca. 3 cm große Würfel schneiden. Die Kräuter waschen, trocken tupfen, Blättchen abzupfen und klein hacken. In einer Schüssel mit Salz, Pfeffer und Olivenöl vermischen. Das Fleisch dazugeben, mit der Marinade vermengen und 1 Stunde kühl gestellt durchziehen lassen.
2. Die Paprikaschoten waschen, Stielansatz, Kerne und Trennwände entfernen. Die Schote in gleich große Stücke wie das Lammfleisch schneiden. Die Tomaten waschen.
3. Den Grill auf mittlere Hitze (ca. 200 °C) vorheizen. Das Fleisch aus der Marinade nehmen, abwechselnd mit Paprikastücken, Oliven und Tomaten auf 8 Metallspieße stecken. Über indirekter Hitze von allen Seiten in ca. 8–10 Minuten grillen, sodass das Fleisch innen noch rosa ist.

Dazu passen Gemüsereis und ein leichter, fruchtiger, etwas gekühlter Rotwein.

SO SCHMECKT'S AUCH | LAMMFILET **Besonders zart und fein schmecken die Spieße mit Filet. Es darf allerdings nur 3–4 Minuten auf den Grill, damit es nicht trocken wird.**

SURF & TURF
Seafood und Steak

DAS BESTE AUS DEM WASSER UND VON DER WEIDE: IM ORIGINAL MIT HUMMER, SCHMECKT ABER AUCH MIT RIESENGARNELEN ODER FISCHFILET.

Zutaten für 4 Portionen

- 400 g Seeteufelfilet
- 4 Stängel glatte Petersilie
- 2 Knoblauchzehen
- 10 EL Olivenöl
- Schale und Saft von 1 Bio-Zitrone
- Salz
- schwarzer Pfeffer aus der Mühle
- 250 g zarte Blattsalate
- 2 Karotten
- ½ Bund Radieschen
- 2 EL Sonnenblumenkerne
- 2 EL Balsamico
- 1 Prise Zucker
- 4 kleine Hüftsteaks à 150 g

Zeitbedarf
- 20 Minuten
- 1 Stunde marinieren
- 5 – 7 Minuten grillen

Grillunterlage
- Grillplatte oder Grillrost

So geht's

1. Das Seeteufelfilet unter kaltem Wasser abspülen und trocken tupfen. In gleich große Medaillons schneiden. Petersilie waschen, trocken tupfen, die Blättchen von den Stängeln zupfen und in Streifen schneiden. Den Knoblauch abziehen und fein würfeln.
2. Petersilie, Knoblauch und 6 EL Olivenöl mit Saft und Schale der Zitrone, Salz und Pfeffer in einer Schale verrühren. Die Fischmedaillons einlegen und ca. 1 Stunde im Kühlschrank marinieren.
3. Die Blattsalate waschen, trocken schleudern und in eine Salatschüssel geben. Die Karotten schälen, grob über den Salat raspeln. Die Radieschen waschen, putzen, in Scheibchen schneiden und dazugeben. 3 EL Olivenöl, Balsamico, Salz, Pfeffer und Zucker in ein kleines Schraubglas füllen und gut schütteln.
4. Den Grill auf mittlere Hitze (ca. 200 °C) vorheizen. Die Hüftsteaks auf beiden Seiten mit dem restlichen Olivenöl bepinseln, mit etwas Pfeffer würzen. Die Fischmedaillons und die Steaks auf den Grill legen, über direkter Hitze zunächst offen grillen. Nach 3 Minuten wenden und den Deckel schließen. Nach weiteren 3 Minuten ist das Fleisch medium gebraten, der Fisch innen schön glasig. Kontrollieren Sie den Seeteufel mit einem Fingerdruck: Federt die Oberfläche in einer guten Spannung zurück (es muss sich anfühlen, als würde man sich auf die Nasenspitze tippen), ist der richtige Garpunkt erreicht.
5. Die Steaks und die Fischmedaillons mit Salz und Pfeffer würzen. Den Salat mit dem Dressing übergießen, mit den Sonnenblumenkernen vermischen und dazu servieren.

Dazu passt ein im Barrique gereifter Chardonnay oder Grauburgunder.

DAZU SCHMECKT | FISCHBUTTER

250 g weiche Butter, je 1 fein gehackte rote und grüne Chilischote, 1 TL zerstoßene Koriandersaat, 1 Handvoll gehackte Korianderblättchen, Salz, Pfeffer, Saft von 1 Bio-Limette Die weiche Butter mit allen anderen Zutaten mit einer Gabel gut vermischen. Passt wunderbar als würzende Begleitung zu Fisch und auch zu gegrillten Meeresfrüchten.

[a]

DAS IST *wirklich* WICHTIG

[a] BLÄTTERTEIGSCHALEN Entweder man formt die Schälchen über einem umgedrehten Glas oder man drückt den Blätterteig in feuerfeste Schälchen und stellt sie auf den Grill.

GEGRILLTER PFIRSICH *mit Kräutereis*

BRAUCHT ZWAR ETWAS ZEIT, ABER DIE KOMBINATION AUS KRÄUTEREIS, KARAMELLISIERTEM PFIRSICH UND MINZ-PESTO IST EINFACH KÖSTLICH!

Zutaten für 4 Portionen

- 15 g Basilikumblätter
- 15 g Zitronenmelisseblättchen
- 500 g Buttermilch oder Joghurt
- 80 g Puderzucker
- 100 ml Sahne
- 3 Eigelb
- Schale und Saft von 1 Bio-Zitrone
- 2 Handvoll Minzeblätter
- Schale und Saft von 1 Bio-Limette
- 40 g Pistazien
- 40 ml Erdnussöl
- 1 EL Honig
- 8 Lagen frischer Blätterteig
- 4 Pfirsiche
- 4 TL Rohrzucker

Zeitbedarf
- 30 Minuten
- ca. 60 Minuten kühlen/gefrieren
- 15 Minuten grillen

Grillunterlage
- Grillplatte oder Grillschale

So geht's

1. Für das Eis Basilikum- und Melisseblättchen waschen, trocken tupfen, mit Buttermilch oder Joghurt und Puderzucker im Mixer fein pürieren. Mit der Sahne in einen Topf geben und verrühren. Die Hälfte davon in eine Schüssel gießen und beiseitestellen.
2. Die Eigelbe in einer zweiten Schüssel mit dem Schneebesen verrühren. Die Kräutermilch im Topf erhitzen, zügig unter die Eigelbe rühren und wieder zurück in den Topf gießen. Unter Rühren erhitzen, bis die Mischung leicht angedickt ist. Die warme Ei-Mischung unter die beiseitegestellte Kräutersahne rühren. Die Zitrone heiß waschen, trocknen, Schale abziehen und hacken, den Saft auspressen. Zur Ei-Kräuter-Mischung geben, gut verrühren und im Gefrierfach ca. 20–30 Minuten kühlen. Die abgekühlte Flüssigkeit in eine Eismaschine geben und, je nach Modell, in 30–60 Minuten cremig gefrieren lassen.
3. Für das Pesto Minze waschen und trocken tupfen. Limette heiß waschen, trocknen, die Schale abziehen und hacken, den Saft auspressen. Mit Minze, Pistazien, Erdnussöl und Honig in einem hohen Gefäß mit dem Mixstab fein pürieren.
4. Den Grill auf mittlere Hitze (ca. 200 °C) vorheizen. Jede Lage Blätterteig zu einer etwa 4–5 cm hohen Schale formen [→a]. Auf die Grillplatte setzen und bei geschlossenem Deckel 10 Minuten über indirekter Hitze grillen.
5. Die Pfirsiche halbieren, die Kerne entfernen. Jede Hälfte mit ½ TL Rohrzucker bestreuen, auf eine angebackene Blätterteigschale setzen. Den Deckel wieder schließen und so lange grillen, bis der Zucker karamellisiert und die Früchte leicht gebräunt sind. In jede Pfirsichhälfte etwas Minzpesto geben und mit einer Kugel Kräutereis anrichten.

Dazu serviert man einen edelsüßen Wein, z. B. eine Scheurebe Beerenauslese.

SO GEHT'S AUCH | OHNE EISMASCHINE **Die Eismasse in eine flache Form füllen, zugedeckt ins Gefrierfach stellen und alle 20 Minuten mit einer Gabel durchrühren. Das dauert zwar etwas länger (ca. 3–4 Stunden), doch auch so wird das Eis cremig.**

HERBST

Voller Geschmack

KÜRBIS, KOHL, WILD UND ANDERE KRÄFTIG-AROMATISCHE ZUTATEN LIEGEN JETZT AUF DEM ROST. UND WENN DIE SONNE NICHT MEHR WÄRMT, TUT DIES VIELLEICHT EIN FEUERKORB – AUF DEM MAN AUCH GRILLEN KANN.

GEWITZT GEWÜRZT

Die Mischung macht's

SELBST GEMISCHT

Mit Gewürzmischungen kann man das Grillgut trocken einreiben, man kann sie mit etwas Öl vermengen und als Marinade einwirken lassen oder das fertig Gegrillte damit würzen. Im Handel gibt es eine Vielzahl an Fertigmischungen zu kaufen, doch wer seine Gewürzmischungen selbst herstellt, kann dies mit etwas Erfahrung ganz nach eigenem Geschmack zusammenstellen. Und das ohne Geschmacksverstärker und Konservierungsstoffe, garantiert frisch und aromatisch.
Ganze Gewürze kann man zunächst kurz in einer Pfanne ohne Fett bei mittlerer Temperatur anrösten. Danach werden sie, am besten in einem großen Mörser oder einer elektrischen Kaffeemühle mit Schlagmesser (die man nur für Gewürze verwendet!), gemahlen. Anschließend kann man sie mischen, auch mit Gewürzen, die man bereits gemahlen kauft, wie z.B. Cayennepfeffer oder Kurkuma. Abgefüllt in möglichst dunkle Gläschen, hält sich das Aroma bei kühler Lagerung etwa ein halbes Jahr.

GARAM MASALA

2 EL grüner Kardamom, 2 EL Kreuzkümmel, 4 EL Koriandersamen, 1 EL schwarze Pfefferkörner, 1 TL Nelken, 1 TL Fenchelsamen, evtl. ½ TL Zimt und gemörserte Muskatblüte

Die Kardamomkapseln öffnen und nur die schwarzen Samen verwenden, mit den anderen Gewürzen rösten, zerstoßen und mahlen. Zum Schluss nach Belieben noch Zimt und Muskatblüte untermischen.
Das klassische Gewürz der indischen Küche, das ohne Schärfe auskommt, passt gut zu Lamm, Rind oder Geflügel.

MADRAS-CURRY

3 EL Koriandersamen, 2 TL Kreuzkümmelsamen, 1 TL schwarze Pfefferkörner, 1 TL Chilipulver, 1 TL Bockshornkleesamen, 1 TL Ingwerpulver, 1 EL Kurkuma

Koriander, Kreuzkümmel, Pfeffer und Bockshornklee rösten, zerstoßen und mahlen. Mit den übrigen Gewürzen vermischen.
Passt besonders gut zu Geflügel und Gemüse.

RAS EL HANOUT

2 TL Kubebenpfeffer, 2 TL schwarze Pfefferkörner, 2 EL Kreuzkümmel, 8 Nelken, Samen von 4 Kardamomkapseln, 2 EL Koriandersamen, 1 TL Zimt, 2 TL Kurkuma, ½ TL geriebene Muskatnuss, 2 EL getrockneter Ingwer, ½ TL Muskatblüte, 2 Lorbeerblätter, 2 g Safran, 2 TL Lavendel- oder Rosenblüten, 2–3 getrocknete Chilischoten

In einer Pfanne Kubebenpfeffer, Pfefferkörner, Kreuzkümmel, Nelken, Kardamomsamen und Koriander anrösten. Mit den übrigen Gewürzen fein mixen.
Eine arabische Gewürzmischung, die für Fleisch und Gemüse sehr gut geeignet ist.

PFEFFER-LIMETTEN-MIX

2 EL getrocknete Limettenschale (im Backofen bei 70 °C 4 Stunden trocknen), 2 EL getrockneter Knoblauch (im Backofen bei 60 °C 3 Stunden trocknen), 1 Handvoll Minzeblätter, 5 EL schwarze Pfefferkörner, 1 TL Senfsamen.

Alle Zutaten nicht zu fein mixen.
Ideal für Steaks.

BBQ-MIX

2 EL Rosenpaprika, 1 EL Hickory-Rauchsalz, 1 TL gemörserter Kreuzkümmel, 1 EL Chilipulver, 1 EL Knoblauchgranulat, 1 EL schwarzer Pfeffer aus der Mühle, 1 TL gemörserte Koriandersamen

Alle Zutaten gut vermischen und verschlossen aufbewahren. Zum Grillen die gewünschte Menge mit etwas Öl mischen und das BBQ-Grillgut damit bestreichen.

WÜRZBUTTER-VARIANTEN

Dafür jeweils 250 g weiche Butter mit den im Rezept angegebenen Zutaten vermischen, auf Folie zu einer Rolle formen. Kann gut im Kühl- oder Gefrierschrank als Vorrat aufbewahrt werden.

Sardellenbutter

4 gehackte Sardellen, 3 TL gehackte Kapern, etwas frisch gemahlener Pfeffer.
Passt zu Schweinesteaks und Gemüse.

Tomatenbutter

5 sehr klein gehackte getrocknete Tomaten, 1 fein gewürfelte Knoblauchzehe, 2 EL gehackte Minze, etwas Paprikapulver nach Belieben.
Schmeckt gut zu Lamm.

Rotwein-Schalotten-Butter

2 Schalotten fein würfeln, in 1 TL Butter anschwitzen, mit 40 ml Rotwein ablöschen und vollständig einkochen lassen. Mit Salz und Pfeffer würzen, 1 fein gehackte Knoblauchzehe untermischen und mit der Butter vermengen.
Passt gut zu Lamm und Geflügel.

TOFUSTEAKS
mit Kürbisspalten

DA TOFU JA SEHR NEUTRAL SCHMECKT, KOMMT ES GANZ BESONDERS DARAUF AN, WAS MAN MIT EINER WÜRZIGEN MARINADE AUS IHM MACHT.

Zutaten für 4 Portionen

- 3 Tomaten
- 3 Knoblauchzehen
- 1 EL rote Pfefferkörner
- 2 TL Honig
- 2 EL Hoisin-Sauce
- 1 EL dunkle Sojasauce
- 1 EL Sake (Reiswein)
- Saft von ½ Zitrone
- Salz
- schwarzer Pfeffer aus der Mühle
- ½ TL Rosen-Paprikapulver
- 1 Prise Chilipulver
- 800 g fester Tofu
- 600 g Hokkaido-Kürbis
- Öl zum Grillen
- etwas Kürbiskernöl

Zeitbedarf
- 20 Minuten
- 1 Stunde marinieren
- 8–10 Minuten grillen

Grillunterlage
- Grillplatte oder Grillrost

So geht's

1. Den Stielansatz der Tomaten entfernen. Die Tomaten in einer Schüssel mit kochendem Wasser überbrühen und 3–4 Minuten ziehen lassen. Abgießen und die Haut abziehen. Die Tomaten halbieren, die Kerne entfernen und das Fruchtfleisch sehr fein hacken. Die Knoblauchzehen abziehen und sehr fein würfeln. Die Pfefferkörner mit der breiten Seite eines großen Messers zerdrücken, dann fein hacken.
2. Die Tomaten mit Knoblauch, Pfefferkörnern, Honig, Hoisin-Sauce, Sojasauce und Sake vermischen, mit Zitronensaft, Salz, Pfeffer, Paprika- und Chilipulver abschmecken. Den Tofu in ca. 3 cm dicke Scheiben schneiden und in einer flachen Schale mit der Marinade überziehen. Dabei wenden, damit sie von allen Seiten gut benetzt sind. Abgedeckt mindestens 1 Stunde marinieren.
3. Den Kürbis halbieren und die Kerne entfernen [→a]. Das Fruchtfleisch mit Schale in schmale Spalten schneiden. Den Grill auf mittlere Hitze (ca. 180 °C) vorheizen.
4. Etwas Öl auf die Grillplatte streichen, die Tofuscheiben darauflegen und über direkter Hitze von beiden Seiten in 8–10 Minuten grillen, bis sie schön gebräunt sind. Dabei immer wieder mit der Marinade bepinseln. Die Kürbisspalten ebenfalls in ca. 4 Minuten von beiden Seiten grillen, dabei mit Kürbiskernöl bepinseln.

Dazu passen Tomatensalat und ein fruchtiger Merlot.

SO SCHMECKT'S AUCH | GERÄUCHERTER TOFU **Stellt man vor dem Angrillen eine Räucherbox mit gewässerten Apfel- oder Kirschholzchips auf den Grill, bekommen die Tofu-Scheiben ein besonders feines Aroma.**

Die Variante

Tofuspieße
300 g Tofu, 2 Karotten, 1 Paprikaschote, 1 Fenchel oder 1 Zucchini, 150 g Crème fraîche, 50 g Frischkäse, 2 EL gehackte Kräuter nach Belieben, 1 EL Honig, Salz, Pfeffer, 1 gehackte Knoblauchzehe, 2 EL Limettensaft

Den Tofu würfeln. Das Gemüse waschen, putzen und in zum Tofu passende Scheiben oder Stücke schneiden. (Wer mag, kann Tofu und Gemüse für 15 Minuten in eine Marinade aus dem Saft von 1 Limette, 200 ml lieblichem Weißwein, schwarzem Pfeffer aus der Mühle und 1 TL Currypulver legen.) Tofu abwechselnd mit Gemüse auf Metallspieße stecken. Auf dem Grill bei ca. 180 °C über direkter Hitze unter Wenden 10 Minuten grillen. Crème fraîche, Frischkäse und die übrigen Zutaten zu einem Dip verrühren und mit den Tofuspießen servieren.

[a]

DAS IST *wirklich* WICHTIG

[a] KERNE ENTFERNEN Der Hokkaido-Kürbis muss nicht geschält werden. Nur die Kerne werden mit einem Löffel entfernt. Man kann dafür auch einen Butterroller nehmen. Der vorne hakenförmig gebogene Küchenhelfer mit gezackter Klinge entfernt auch Melonen- und Paprikakerne schnell und einfach.

BULGURSALAT
mit Kichererbsen

Zutaten für 4 Portionen

- 500 ml leichte Gemüsebrühe
- ½ TL Kurkuma
- 300 g Bulgur
- 5 EL Olivenöl
- 1 kleine rote Zwiebel
- 2 Knoblauchzehen
- 2 Karotten
- 1 rote Paprika
- 1 Dose Kichererbsen (425 g Abtropfgewicht)
- ½ Bund Petersilie
- ½ Bund Minze
- Schale und Saft von 1 Bio-Zitrone
- Schale und Saft von 1 Bio-Limette
- Salz
- schwarzer Pfeffer aus der Mühle

Zeitbedarf
- 30 Minuten
- 5 Minuten grillen

Grillunterlage
- Grillblech oder Grillschale

So geht's

1. Die Gemüsebrühe mit Kurkuma zum Kochen bringen, den Bulgur in einer Schüssel damit übergießen. 1 EL Olivenöl dazugeben, mit einer Gabel verrühren, damit sich keine Klümpchen bilden. Abkühlen lassen, dabei mehrmals durchrühren.
2. Zwiebel und Knoblauch abziehen und fein hacken. Karotten schälen, mit einem Julienne-Schneider dünne Streifen abziehen und hacken. Paprika putzen, fein würfeln.
3. Auf dem Grill über starker direkter Hitze (ca. 250 °C) in einem Grillblech oder einer Grillschale ein paar Tropfen Olivenöl erhitzen. Kichererbsen abgießen, darin unter Wenden angrillen und Farbe nehmen lassen. Vom Grill nehmen und abkühlen lassen.
4. Petersilie und Minze hacken. Aus Saft und Schale von Zitrone und Limette, restlichem Olivenöl, Salz und Pfeffer ein Dressing rühren. Alle Zutaten mit dem Bulgur vermischen. Abschmecken, evtl. etwas Essig und Öl nachgeben, da Bulgur viel Flüssigkeit bindet.

Passt gut zu gegrilltem Hähnchen und einem nicht ganz trockenen Muskateller.

AUBERGINENSALAT
mit Kürbis

Zutaten für 4 Portionen

- 500 g Auberginen
- Salz
- 1 mittelgroße Zucchini
- 1 gelbe Paprikaschote
- 1 Zwiebel
- 2 Knoblauchzehen
- 10 Cocktailtomaten
- 200 g Kürbisfleisch
- 6 EL Olivenöl
- 3 EL Weißweinessig
- 1 EL Honig
- schwarzer Pfeffer aus der Mühle
- 1 Handvoll Basilikumblättchen

Zeitbedarf
- 25 Minuten
- ca. 15 Minuten grillen

Grillunterlage
- geriffelte Grillplatte oder Grillrost mit Alufolie

So geht's

1. Auberginen längs in 1,5 cm dicke Scheiben schneiden. Auf Küchenpapier legen, von beiden Seiten salzen und kurz ziehen lassen. Dann mit Küchenpapier abtupfen. Zucchini längs in 1 cm dicke Scheiben schneiden. Paprika in 4 flache Stücke schneiden, putzen und entkernen. Zwiebel abziehen, in 1 cm dicke Ringe schneiden. Knoblauch abziehen und fein hacken. Die Tomaten waschen, halbieren, den Stielansatz entfernen. Den Kürbis längs in 1 cm dicke Streifen schneiden.
2. Aus 4 EL Olivenöl, Essig, Honig, Knoblauch, Salz und Pfeffer eine Vinaigrette rühren. Den Grill auf starke Hitze (ca. 250 °C) vorheizen.
3. Etwas Öl auf die Grillfläche pinseln, das Gemüse, außer Tomaten, nacheinander über direkter Hitze bei geschlossenem Deckel grillen. Aubergine und Paprika ca. 5 Minuten, Zucchini und Kürbis etwas kürzer. Ohne Deckel ca. 2 Minuten länger grillen.
4. Gemüse etwas abkühlen lassen und in Würfel schneiden. In einer Schüssel mit Tomaten und Vinaigrette mischen, klein gezupfte Basilikumblätter dazugeben. Mit Salz und Pfeffer abschmecken.

Schöne Beilage zu Lammfleisch, dazu passt ein fruchtiger Rotwein.

COGNAC-SAIBLING
in Zedernholzblättern

DIE DÜNNEN HOLZBLÄTTER SCHÜTZEN DAS GRILLGUT UND LASSEN SICH VIELFÄLTIG AROMATISIEREN, WAS FÜR NEUE GESCHMACKSERLEBNISSE SORGT.

Zutaten für 4 Portionen

- 4 Holzblätter (Wood Papers) aus Zedernholz
- 8 Sisalfasern (je ca. 40 cm lang) oder Küchengarn
- 4 cl Cognac
- 4 küchenfertige Saiblinge (à ca. 500 g)
- Salz
- schwarzer Pfeffer aus der Mühle
- 4 Limettenblätter
- 4 Zweige Thymian
- 4 kleine Stückchen Butter
- Saft von 1 Zitrone
- 600 g kleine, junge Kartoffeln
- ½ Bund Petersilie
- 1 EL Butter
- Meersalz

Zeitbedarf
- 20 Minuten
- 30 Minuten wässern
- 15 – 19 Minuten grillen

Grillunterlage
- Grillrost oder Grillplatte

So geht's

1. Die Holzblätter und die Sisalfasern auf ein Backblech mit hohem Rand legen und mit warmem Wasser begießen, sodass alles gut bedeckt ist. Den Cognac angießen und die Blätter 30 Minuten wässern.
2. Die Saiblinge innen und außen gründlich waschen und trocken tupfen. Von innen mit Salz und Pfeffer würzen. In den Fischbauch jeweils 1 Limettenblatt, 1 Zweig Thymian und 1 Stückchen Butter stecken. Etwas Zitronensaft daraufträufeln.
3. Die Holzblätter aus dem Wasser nehmen, ausbreiten und jeweils 1 Fisch darauf platzieren [→a]. Die Blätter schließen und mit den Sisalfäden fixieren [→b]. Den Grill auf starke Hitze (ca. 250 °C) vorheizen.
4. Die Kartoffeln mit Schale in kochendem Wasser ca. 15 – 20 Minuten garen. Das Wasser abgießen und die Kartoffeln im Topf ausdampfen lassen. Parallel dazu die Saiblinge auf den Grill legen, zunächst über direkter Hitze ca. 5 Minuten angrillen, dann die Hitze auf maximal 200 °C reduzieren und die Saiblinge bei geschlossenem Deckel über indirekter Hitze je Seite ca. 5 – 7 Minuten fertig grillen. Petersilie waschen, trocken tupfen und hacken. Mit Butter und grobem Meersalz über die Kartöffelchen geben und mit dem Fisch servieren.

Besonders gut dazu passt als Getränk ein traditionell im Holzfass ausgebauter Fumé blanc.

GUT ZU WISSEN | DIE HOLZBLÄTTER **aus Buchen- oder Zedernholz gibt es in unterschiedlichen Größen (Standardmaß: 15 x 20 cm) im Baumarkt oder über das Internet. Achten Sie beim Kauf auch auf die Dicke der Blätter: sehr dünne kann man nur einmal benutzen, dickere (ca. 1 mm) auch mehrmals. In diesem Fall vorsichtig und gründlich reinigen.**

Die Varianten

Putenschnitzel
4 Holzblätter, 2 EL gehackte Kräuter (z. B. Petersilie, Thymian, Rosmarin), 4 Putenschnitzel à 150 g, Salz, Pfeffer, Currypulver, Paprikapulver, 2 EL Olivenöl, 4 Limettenblätter

Die Blätter in Wasser mit gehackten Kräutern legen. Das Fleisch mit Salz, Pfeffer, Curry und Paprika würzen und mit Olivenöl bepinseln. Mit je 1 Limettenblatt einwickeln. Von jeder Seite ca. 5 Minuten über direkter mittlerer Hitze (ca. 200 °C) bei geschlossenem Deckel grillen.

Lammfilets
4 Holzblätter, 100 ml Rotwein, 8 Lammfilets à 100 g, 1 EL Tajine-Gewürz, Salz, Pfeffer, 2 EL Olivenöl, 4 Zweige Rosmarin

Die Blätter in Wasser und Rotwein einlegen. Filets würzen und einölen. Je 2 Filets mit 1 Rosmarinzweig einwickeln. Von jeder Seite ca. 4 Minuten über direkter mittlerer Hitze (ca. 200 °C) geschlossen grillen.

[a]

[b]

DAS IST *wirklich* WICHTIG

[a] VERPACKEN Je nach Größe der Stücke entweder mittig legen und zusammenfalten (bei ganzem Fisch) oder, bei kleineren Teilen wie den Lammfilets, einrollen. Liegen mehr als 2 Lagen Holzpapier übereinander, dauert der Garprozess länger. Im Zweifelsfall lieber ein paar Blätter zerschneiden.

[b] BEFESTIGEN Die Sisalfäden unter dem Holzpapier durchziehen und oben festknoten, jeweils 2 – 3 cm von den Enden entfernt.

DAS IST *wirklich* WICHTIG

[a] KARTOFFELFÄCHER Die Kartoffeln werden in sehr dünne Scheibchen geschnitten, ähnlich wie für Chips. Da sie an einer Seite noch zusammenhängen, kann man sie wie einen Fächer auseinanderbiegen, damit sich die Butter besser verteilen lässt.

KRÄUTERFORELLEN
mit Hasselback-Kartoffeln

SELBST GEANGELT, BEI EINEM URLAUB IM HOHEN NORDEN, SCHMECKEN DIE FORELLEN NATÜRLICH BESONDERS GUT – SIND ABER AUCH GEKAUFT KÖSTLICH!

Zutaten für 4 Portionen

- 4 küchenfertige Forellen à ca. 400 g
- 1 EL Zitronensalz
- schwarzer Pfeffer aus der Mühle
- 1 kleines Bund Basilikum
- 1 kleines Bund Thymian
- 4 Zweige Rosmarin
- 4 Knoblauchzehen
- 2 Limetten
- 600 g gleich große Kartoffeln
- 80 g Butter
- 1 TL Meersalz
- 300 g gemischte Waldpilze
- 1 grüne Peperoni
- Öl zum Grillen
- 100 ml Weißwein
- 100 g Crème fraîche

Zeitbedarf

- 30 Minuten
- 50 Minuten garen
- ca. 10 Minuten grillen

Grillunterlage

- Fisch-Grillkörbe und Grillpfanne

So geht's

1. Die Forellen innen und außen sorgfältig waschen und trocken tupfen. Auf beiden Seiten mehrmals schräg bis auf die Gräten einschneiden. Mit Zitronensalz und Pfeffer innen und außen würzen. Die Kräuter waschen, trocken tupfen, mischen und in die Bäuche der Forellen geben. Die Knoblauchzehen mit Schale mit der breiten Seite eines Messers andrücken, ebenfalls dazugeben. Die Fische mit Metallspießen verschließen.
2. Die Limetten in dünne Scheiben schneiden. In die Fisch-Grillkörbe jeweils 2–3 Scheiben legen. Die Forellen darauflegen, wieder mit 2–3 Limettenscheiben belegen. Die Grillkörbe verschließen und beiseitestellen.
3. Die Kartoffeln unter kaltem Wasser waschen und bürsten. Mit einem Messer in dünne Scheiben schneiden, aber nicht ganz durchschneiden [→a]. Auf ein Backblech legen. 50 g Butter zerlassen und damit die Kartoffeln einpinseln. Meersalz darüberstreuen und die Kartoffeln im Backofen bei 180 °C ca. 50 Minuten garen. In der Zwischenzeit die Pilze putzen und gegebenenfalls klein schneiden. Die Peperoni waschen, trocken tupfen, entkernen und klein schneiden.
4. Den Grill auf mittlere Hitze (ca. 200 °C) vorheizen. Die Forellen mit Öl bepinseln und über direkter Hitze 10–12 Minuten grillen, bis die Haut schön knusprig ist. Dabei einmal wenden.
5. In einer gusseisernen Grillpfanne die restliche Butter zerlassen. Die Pilze darin anschwenken, die Peperoni dazugeben, mit Weißwein angießen und aufkochen lassen. Die Pfanne vom Grill nehmen und die Crème fraîche einrühren. Mit etwas Salz und Pfeffer würzen.

Ein fränkischer Silvaner ist ein guter Begleiter für dieses Gericht.

SO SCHMECKT'S AUCH | KARTOFFELN **Anstelle der Kartoffelfächer (sie haben ihren Namen angeblich von dem schwedischen Gasthof „Hasselbacken", kann man natürlich auch andere Kartoffeln (siehe z. B. Seite 107) dazu servieren.**

KARTOFFELN

mehr als eine Beilage

OB ZU FLEISCH, FISCH ODER GEMÜSE – KARTOFFELN VOM GRILL SIND STETS DIE PASSENDE BEGLEITUNG, DIE MAN EINFACH UND VIELFÄLTIG VARIIEREN KANN. UND AUCH ALS SOLISTEN SIND SIE ERSTE WAHL.

ROSMARINKARTOFFELN

800 g neue, kleine Kartoffeln, 2 EL Olivenöl, grobes Meersalz, schwarzer Pfeffer aus der Mühle, Paprikapulver oder Cayennepfeffer, 1–2 Zweige Rosmarin

Die Kartoffeln waschen und knapp gar kochen. Abgießen und auf ein großes Stück Alufolie setzen. Olivenöl darübergeben und mit Salz, Pfeffer und Paprikapulver oder Cayennepfeffer würzen. Die Rosmarinnadeln abzupfen und darüberstreuen. Alufolie schließen und das Kartoffelpäckchen in knapp 10 Minuten auf dem Grill über direkter mittlerer Hitze (ca. 200 °C) grillen.

SPECKKARTOFFELN

12 neue, kleine Kartoffeln, 12 Salbeiblätter, 12 Scheiben durchwachsener Speck, Salz, Pfeffer, Zahnstocher

Die Kartoffeln schälen und waschen. Jede Kartoffel mit 1 Salbeiblatt belegen, mit 1 Scheibe Speck umwickeln und mit einem Zahnstocher fixieren, den man einfach durch die Kartoffel steckt. Bei geringer Hitze (ca. 150 °C) die Kartoffeln unter mehrmaligem Wenden auf der Grillplatte, dem Grillblech oder Grillrost 30–40 Minuten bei geschlossenem Deckel über indirekter Hitze garen, dann mit Salz und Pfeffer würzen. Man kann auch mehrere Kartoffeln auf Grillspieße stecken.

KARTOFFELSPALTEN

4 große, vorwiegend festkochende Kartoffeln, 3 EL Olivenöl, 1 TL grob gemörserter Kreuzkümmel, 1 TL Cayennepfeffer, Salz, Pfeffer

Die Kartoffeln waschen und in 1 cm dicke Spalten schneiden. Mit Olivenöl beträufeln und auf dem Grillblech oder dem Grillrost über mittlerer direkter Hitze (ca. 200 °C) von jeder Seite 2–3 Minuten grillen. Dann über indirekter Hitze in weiteren 10 Minuten fertig grillen, dabei einmal wenden. Aus Olivenöl, Kreuzkümmel, Cayennepfeffer, Salz und Pfeffer ein Dressing rühren, mit den Kartoffeln mischen und sofort servieren.

BRATKARTOFFELSALAT

800 g festkochende Kartoffeln, etwas Rapsöl, 4 EL Olivenöl, 2 EL Essig, ½ TL grobkörniger Senf, Salz, Pfeffer, 2 EL gehackte Kräuter (z. B. Koriander, Petersilie, Basilikum)

Die Kartoffeln waschen, in Wasser knapp gar kochen, erkalten lassen. Ungeschält in ca. 5 mm dicke Scheiben schneiden und portionsweise auf der Grillplatte oder dem Grillblech nebeneinander mit ein wenig Rapsöl von beiden Seiten über mittlerer direkter Hitze (ca. 200 °C) grillen, bis sie schön braun sind. Aus Öl, Essig, Senf, Salz und Pfeffer ein Dressing rühren, mit den Kartoffeln mischen, die Kräuter unterheben.

BACKKARTOFFELN

4 große, vorwiegend festkochende Kartoffeln, etwas Öl, grobes Meersalz, Pfeffer aus der Mühle

Je 1 Kartoffel auf ein großes Stück Alufolie setzen, etwas Öl über die Kartoffel geben. Mit grobem Meersalz und Pfeffer bestreuen, in die Folie wickeln. Bei mittlere Hitze (ca. 200 °C) ca. 1 Stunde grillen, bei geschlossenem Deckel etwas kürzer. Die Kartoffeln mit einem Klecks Crème fraîche oder Kräuterquark und Schnittlauchröllchen servieren.

SÜSSKARTOFFELN

3 große Süßkartoffeln, 4 EL Erdnussöl, Saft von 1 Limette, 1 TL grob gemahlener Kreuzkümmel, 1 TL grobes Meersalz, 1 TL gehacktes Oregano

Die Enden der Süßkartoffeln abschneiden, die Kartoffeln der Länge nach halbieren, aus den Hälften jeweils 3–4 Spalten schneiden. In kochendem Wasser 5 Minuten garen. Abgießen und auf Küchenpapier trocknen. Erdnussöl und Limettensaft mit Kreuzkümmel, Meersalz und Oregano in einer kleinen Schüssel vermischen. Die Kartoffelspalten über direkter mittlerer Hitze (ca. 200 °C) auf der Grillplatte oder dem Rost ca. 10 Minuten grillen, dabei mit der Öl-Limettensaft-Mischung bestreichen.

QUESADILLAS
mit Salsa Pico de Gallo

DIE KÄSE-TORTILLAS SIND EINE MEXIKANISCHE SPEZIALITÄT, DIE MAN ABER NICHT NUR MIT KÄSE, SONDERN MIT VERSCHIEDENSTEN ZUTATEN FÜLLEN KANN.

Zutaten für 4 Quesadillas

- 500 g Tomaten
- 1 rote Zwiebel
- 1 Jalapeño-Chili
- 1 Serano-Chili
- 1 Limette
- ½ Bund Koriandergrün
- Salz
- schwarzer Pfeffer aus der Mühle
- 1 EL Pflanzenöl
- 200 g Rinderhackfleisch
- 200 g Käse (z. B. Gouda, Emmentaler, Bergkäse)
- 1 Handvoll schwarze Oliven
- 100 g Champignons
- 2 Frühlingszwiebeln
- 8 große Weizen-Tortillas

Zeitbedarf
- 30 Minuten
- 1 Stunde ziehen lassen
- 10 Minuten grillen

Grillunterlage
- Grillplatte, Grillpfanne oder Grillrost

So geht's

1. Für die Salsa die Tomaten waschen. Den Stielansatz entfernen, die Tomaten in möglichst kleine Würfel schneiden und in eine Schüssel geben. Die Zwiebel abziehen und klein würfeln. Die Chilis putzen, den Stielansatz abschneiden, die Kerne entfernen [→a], aber beiseitelegen. Die Chilis sehr klein schneiden und zu den Tomaten geben.
2. Den Saft der Limette über die Tomaten träufeln. Das Koriandergrün hacken, dabei dünne Stängelchen mitverwenden, zu den Tomaten geben. Mit Salz und Pfeffer würzen und abschmecken. Ist die Salsa zu scharf, mit mehr Tomaten ausgleichen. Für mehr Schärfe etwas von den Chilikernen dazugeben.
3. Den Grill auf ca. 200 °C vorheizen. In einer Pfanne das Öl erhitzen und das Hackfleisch darin anbraten. Den Käse reiben. Die Oliven in Ringe schneiden. Champignons und Frühlingszwiebeln putzen, in Scheiben bzw. in Röllchen schneiden.
4. Nacheinander je 2 Tortillas auf den Grill legen und alle 10 Sekunden mit einem Spatel oder einer breiten Palette wenden. Sobald die Tortillas Blasen werfen, eine davon in rascher Folge mit geriebenem Käse, Oliven, Champignons, Frühlingszwiebeln und Hackfleisch belegen. Die zweite Tortilla als Deckel obenauf legen. Die Quesadilla vorsichtig wenden. Die Hitze etwas reduzieren und, falls vorhanden, den Deckel schließen. Insgesamt 1- bis 2-mal wenden.
5. Nach ca. 2 Minuten, wenn der Käse geschmolzen ist, die Quesadilla vom Grill nehmen. Mit der Tomatensalsa oder auch mit saurer Sahne oder Guacamole (siehe Seite 38) servieren.

Dazu passt Bier oder ein fruchtiger Rotwein.

SO SCHMECKT'S AUCH | QUESADILLA-GRUNDREZEPT **1 Tortilla kurz auf beiden Seiten angrillen, dann geriebenen Käse auf einer Tortillahälfte verteilen, die andere Hälfte darüberklappen [→b]. Bei niedriger Temperatur (ca. 150 °C), am besten bei geschlossenem Deckel, 2–3 Minuten grillen, dabei einmal wenden. Zusätzlich kann man sie noch mit schwarzen Bohnen, Paprika- und Zwiebelwürfeln und Gemüsemais füllen.**

DAS IST *wirklich* WICHTIG

[a] ENTKERNEN Der einfachste Weg ist es, die Chilischote der Länge nach aufzuschneiden und mit der stumpfen Seite des Messers von sich weg die Kerne auszuschaben. Danach Hände gründlich waschen oder Einweghandschuhe benutzen.

[b] FALTEN Einfach die Palette oder den Spatel in der Mitte der einen Seite ansetzen und auf die andere Seite klappen. Für diese Variante die Tortilla anfangs nicht zu fest werden lassen, sonst ist sie zu trocken zum Falten.

[a]

[b]

GEGRILLTER ROTKOHL
mit Hirschmedaillons

Zutaten für 4 Portionen

- 1 kleiner Rotkohlkopf (ca. 1 kg)
- 30 g geräucherter Bauchspeck
- 3 EL weiche Butter
- 2 Knoblauchzehen
- 3 EL Tamarindenmus
- 2 EL dunkle Sojasauce
- 1 EL Tomatenmark
- 1 EL Essig
- 200 ml Rotwein
- 4 Hirschmedaillons à 200 g (3 cm dick)
- Öl zum Grillen
- Salz
- schwarzer Pfeffer aus der Mühle

Zeitbedarf
- 20 Minuten
- 1 Stunde grillen

Grillunterlage
- Grillplatte oder Grillrost

So geht's

1. Den Rotkohl mit dem Strunk nach oben auf eine Schüssel setzen, damit er nicht verrutschen kann. Mit einem scharfen Messer den Strunk großzügig trichterförmig herausschneiden. Den Speck in kleine Würfel schneiden. Die Speckwürfel mit der Butter verkneten und in die Öffnung des Kohlkopfs drücken.
2. Den Knoblauch abziehen und fein hacken. Zusammen mit Tamarindenmus, Sojasauce, Tomatenmark, Essig und Rotwein zu einer dickflüssigen Sauce verrühren. Gegebenenfalls noch etwas Tamarindenmus und/oder Tomatenmark dazugeben.
3. Den Grill auf mittlere Hitze (ca. 180 °C) vorheizen. Alufolie als Sockel so zusammenknüllen, dass der Kohlkopf sicher darauf stehen kann. 1 Stunde über indirekter Hitze, wenn möglich bei geschlossenem Deckel, grillen.
4. Die Hirschmedaillons mit etwas Öl bestreichen, mit Salz und Pfeffer würzen und von jeder Seite 3 Minuten über direkter Hitze grillen. Vom Kohl die äußeren, dunklen Blätter entfernen. Den Kohlkopf zerteilen und mit der Füllung und der Sauce (warm oder kalt) zu den Hirschmedaillons servieren.

Dazu passt ein kräftiger chilenischer Merlot.

SO GEHT'S AUCH | DER KOHLKOPF **ist nach einer Stunde knackig und bissfest. Wer das Gemüse weicher haben möchte, legt beim Holzkohlegrill nach 45 Minuten keine Grillbriketts mehr nach, lässt aber den Deckel weitere 45 Minuten geschlossen. Bei einem Gasgrill nach 1 Stunde auf die kleinste Stufe stellen und 30 Minuten weitergrillen.**

Die Variante

Kohl mit Hackfüllung
1 Kohlkopf (ca. 1,3 kg), Salz, 40 ml Essig, 600 g gem. Hackfleisch, 1 kleine gehackte Zwiebel, 2 gehackte Knoblauchzehen, 80 ml Milch, 50 g Rosinen, 40 g Mandelblättchen, 1 EL Koriandersamen, 1 EL Kreuzkümmel, 100 ml Weißwein, Salz, Pfeffer, Muskat

Vom Kohl den Strunk entfernen, mit einem Löffel für die Füllung aushöhlen, dafür etwa die Hälfte des Krauts entfernen. Den Kohlkopf, mit der Öffnung nach oben, in einem großen Topf mit kochendem Salzwasser und Essig ca. 15 Minuten vorgaren. Herausnehmen und mit Küchengarn in Form binden. Hackfleisch in einer Pfanne anbraten, Zwiebeln und Knoblauch dazugeben und mitbraten. Milch angießen und einkochen lassen. Rosinen, Mandeln, gemörserten Koriander und Kreuzkümmel dazugeben. Weißwein angießen, mit Salz, Pfeffer und Muskat würzen. Diese Mischung in den Kohlkopf füllen, auf zerknüllte Alufolie setzen und bei ca. 200 °C und geschlossenem Deckel ca. 1 Stunde über indirekter Hitze grillen.

ROSENKOHLSPIESSE
mit Räucherspeck

Zutaten für 4 Portionen

- 500 g Rosenkohl
- 300 ml weißer Portwein
- 300 g geräucherter Bauchspeck
- Salz
- schwarzer Pfeffer aus der Mühle
- Olivenöl zum Grillen
- flache Metall- oder Holzspieße

Zeitbedarf
- 30 Minuten
- 2 Stunden marinieren
- 4 Minuten grillen

Grillunterlage
- Grillplatte, Grillblech oder Grillschale

So geht's

1. Den Rosenkohl putzen, einen Teil des Strunks abschneiden und welke Blättchen entfernen. Weiche Köpfchen aussortieren. Die Rosenkohl-Köpfe halbieren und in eine Schüssel geben. Mit dem Portwein auffüllen und im Kühlschrank 2 Stunden marinieren lassen.
2. Den Speck in 5 mm dicke Scheiben und danach in 2 cm breite Stücke schneiden, zuvor die Schwarte entfernen. Den Portwein abgießen und die Rosenkohlhälften mit den Speckstücken im Verhältnis 2:1 auf Metall- oder Holzspieße stecken. Mit Salz und Pfeffer würzen.
3. Den Grill auf mittlere Hitze (ca. 220 °C) vorheizen. Auf die Grillunterlage etwas Olivenöl geben, die Spieße darauflegen und unter Wenden über direkter Hitze ca. 4 Minuten grillen.

Dazu passt ein frisches Pils.

ROTKRAUT
mit Jakobsmuscheln

Zutaten für 4 Portionen

- 500 g Rotkraut
- 2 Zwiebeln
- Öl zum Grillen
- Paprikapulver
- Salz, Pfeffer
- Schale und Saft von 1 Bio-Zitrone
- 1 TL Chiliöl
- 1 EL Erdnussöl
- 8 ausgelöste Jakobsmuscheln
- Chilifäden und Korianderblättchen zum Garnieren

Zeitbedarf
- 15 Minuten
- ca. 10 Minuten grillen

Grillunterlage
- Grillplatte oder Grillblech

So geht's

1. Das Rotkraut in Streifen schneiden. Dazu den Kopf vierteln, den Strunk jeweils entfernen, das Kraut quer in feine Streifen schneiden. Die Zwiebeln abziehen und ebenfalls in Streifen schneiden.
2. Den Grill auf mittlere Hitze (ca. 230 °C) vorheizen. Etwas Öl auf der Grillunterlage erhitzen und das Rotkraut und die Zwiebelstreifen ca. 5 Minuten anrösten. Mit Paprika, Salz und Pfeffer würzen, zum Schluss den Saft und die abgeriebene Schale der Zitrone hinzufügen.
3. Chiliöl und Erdnussöl vermischen. Die Jakobsmuscheln damit bestreichen und auf jeder Seite 2 Minuten über direkter Hitze grillen. Mit dem gerösteten Rotkraut servieren, mit Chilifäden und Korianderblättchen garnieren.

Die leichte Schärfe wird durch ein Glas fruchtigen Riesling von der Nahe aufgefangen.

DAS IST *wirklich* WICHTIG

[a] BEPINSELN Ist eine Kerntemperatur (in der Entenbrust) von 72 °C erreicht, beginnt man mit dem finalen Bepinseln. Wer keinen Orangenblütenessig hat, kann alternativ auch Zesten von 1 Bio-Orange für einige Stunden in Weinessig einlegen. Um sicher zu sein, dass die Ente innen saftig und außen knusprig wird, sollte man die Temperatur mit einem Kerntemperaturmesser kontrollieren, am besten mit einem digitalen Messgerät. Zum Servieren hat das Fleisch dann die ideale Temperatur von 75 °C. Über 80 °C würde die Ente trocken und zäh.

[a]

GLASIERTE ENTE
mit Ananas-Gemüse

DURCH DAS BEPINSELN MIT ORANGENESSIG UND HONIG WIRD DIE ENTE NICHT NUR KNUSPRIG, SIE BEKOMMT SO AUCH EIN GANZ BESONDERES AROMA.

Zutaten für 4 Portionen

- 1 Flugente (ca. 2,5 kg) mit Innereien
- 4 EL Blütenhonig
- Salz, schwarzer Pfeffer aus der Mühle
- 1 Bund Zitronenthymian
- 1 kleine Bio-Zitrone
- 1 Zwiebel
- 3 Knoblauchzehen
- ¼ l heißes Wasser
- 450 ml Geflügelfond
- 1 reife Ananas
- 40 g Pinienkerne
- 1 Bund Frühlingszwiebeln
- 250 g Sojasprossen
- 2 EL Orangenblütenessig
- 1 EL Butter
- 2 EL Sojasauce
- Zahnstocher oder Küchengarn

Zeitbedarf
- 40 Minuten
- 2 Stunden grillen

Grillunterlage
- Fettschale und Grillrost

So geht's

1. Die Ente innen und außen unter fließend kaltem Wasser reinigen, trocken tupfen. Die Innereien ebenfalls waschen, trocken tupfen, in grobe Stücke schneiden. Die Ente innen mit 2 EL Honig ausstreichen, innen und außen mit Salz und Pfeffer würzen. Thymian waschen, trocknen, in den Bauch der Ente geben. Die Zitrone mehrmals mit einem Messer einstechen, ebenfalls in die Ente legen. Die Bauchhöhle mit Zahnstochern zustecken oder mit Küchengarn zunähen.
2. Die Zwiebel mit Schale vierteln. Knoblauchzehen ungeschält mit der breiten Seite eines Messers andrücken. Beides mit den Innereien in die Fettschale legen. Den Grill auf 180 °C vorheizen. Die Fettschale auf den Grill legen, darüber den Grillrost und darauf die Ente mit der Brustseite nach unten platzieren.
3. Die Ente 2 Stunden bei geschlossenem Deckel über indirekter Hitze grillen. Nach und nach Wasser und Fond in die Fettschale gießen, die Ente damit mehrmals bepinseln. Dabei nach 1 Stunde wenden.
4. 30 Minuten vor Ende der Grillzeit die Ananas schälen, längs in Stücke schneiden, den Strunk entfernen, das Fruchtfleisch klein schneiden. Einige Stücke in die Fettschale geben. Pinienkerne in einer Pfanne ohne Fett anrösten, ohne sie Farbe nehmen zu lassen. Frühlingszwiebeln waschen und in Ringe schneiden. Sojasprossen waschen und abtropfen lassen.
5. Den Grill für die letzten 20 Minuten auf 220 °C stellen. Restlichen Honig mit Orangenblütenessig vermischen, damit die Ente von allen Seiten mehrmals gut einpinseln [→a].
6. In einer Pfanne die Butter zerlassen. Die Lauchzwiebeln bei kleiner Hitze andünsten, salzen und pfeffern. Nach 5 Minuten Ananasstücke und Sojasprossen zugeben, die Hitze etwas erhöhen und 5 Minuten dünsten. Mit Sojasauce abschmecken. Zum Schluss die Pinienkerne dazugeben.
7. Die fertige Ente warm halten. Den Bratfond aus der Fettschale abseihen, entfetten und in einem Töpfchen aufkochen. Mit Butterstückchen abbinden und abschmecken.

Dazu schmeckt besonders gut ein im Barrique ausgebauter Sauvignon blanc.

KÖTTBULLAR

schwedische Hackbällchen

BEI FAMILIENFESTEN IN SCHWEDEN KOMMEN SIE STETS AUF DEN TISCH. UND AUCH BEI UNS SIND SIE DURCH EIN SCHWEDISCHES MÖBELHAUS BEKANNT GEWORDEN.

Zutaten für 4 Portionen

- 300 g mehligkochende Kartoffeln
- Salz
- 2 Zwiebeln
- ½ EL Butter
- 1 Handvoll Petersilie
- 2–3 EL Semmelbrösel
- 100 ml Sahne
- 2 Eier (Größe M)
- 800 g Rinderhackfleisch
- schwarzer Pfeffer aus der Mühle
- Piment
- Öl zum Grillen
- 1 Glas Wildpreiselbeeren

Zeitbedarf
- 50 Minuten
- 2 Stunden kühlen
- 10 Minuten grillen

Grillunterlage
- Grillplatte oder Grillpfanne

So geht's

1. Die Kartoffeln mit Schale in Salzwasser garen. Abgießen, kurz ausdämpfen lassen, dann pellen und abkühlen lassen.
2. Die Zwiebeln fein würfeln und in Butter unter Rühren farblos anschwitzen lassen. Beiseitestellen. Die Petersilienblättchen von den Stängeln zupfen und fein hacken. Die Semmelbrösel mit der Sahne verrühren und kurz durchziehen lassen.
3. Die Kartoffeln durch die Kartoffelpresse drücken. Mit den Zwiebeln, der Petersilie, den Semmelbröseln, den Eiern und dem Hackfleisch vermischen. Mit Salz, Pfeffer und Piment kräftig abschmecken. Aus der Masse mit angefeuchteten Händen kleine Bällchen formen **[→a]** und auf ein Blech oder einen großen Teller legen. Abgedeckt 2 Stunden im Kühlschrank durchziehen lassen.
4. Den Grill auf mittlere Hitze (ca. 220 °C) vorheizen. Etwas Öl auf das Bratgeschirr (vorher erhitzen) gießen und darin die Bällchen nacheinander scharf anbraten, dabei ständig bewegen. In einer feuerfesten Form die jeweils fertigen Klößchen am Rand des Grills warm halten bzw. nachgaren lassen. Die Hackbällchen mit Wildpreiselbeeren servieren.

Als Beilage passt ein Kartoffel-Petersilienwurzel-Brei besonders gut. In Schweden trinkt man dazu Bier, doch ein Württemberger Samtrot schmeckt auch gut.

SO SCHMECKT'S AUCH | FÜR EINE KLEINE SAUCE **kann man, wenn man die Bällchen in einer gusseisernen Pfanne gegrillt hat, den Bratensatz mit etwas Weißwein oder Sahne angießen und lösen.**

DAS IST *wirklich* WICHTIG

[a] HACKBÄLLCHEN Formen Sie die Köttbullar nicht größer als 2 cm im Durchmesser, dann garen sie auf dem Grill schneller und vor allem gleichmäßiger durch. Man kann die Hackbällchen aber auch auf dünne Spieße stecken.

[a]

GRILLFETE

Großer Spaß für die Kleinen

OB SIE GEBURTSTAG FEIERN ODER AUS ANDEREM ANLASS EIN PAAR FREUNDE EINLADEN: EINE GRILLPARTY FÜR DIE KLEINEN WILL GUT GEPLANT SEIN, NICHT NUR WAS DAS ESSEN, SONDERN AUCH DIE UNTERHALTUNG BETRIFFT!

Kinder finden offenes Feuer faszinierend und lieben es zu grillen. Und es spricht auch nichts dagegen, sie dabei miteinzubeziehen. Allerdings ist Sicherheit oberstes Gebot! Kinder dürfen auf keinen Fall am Grill alleine und unbeaufsichtigt gelassen werden, weil sie die Gefahr nicht wirklich einschätzen können. Und spielen in der Nähe des Feuers ist natürlich auch tabu. Aber unter Aufsicht können Kids ab 5 bis 6 Jahren schon mal was auf den Rost legen.

Unterhaltung, Spiel und Spaß wollen gut überlegt sein: für Jungs z.B. eine Torwand organisieren, für Mädels vielleicht einen Karaoke-Wettbewerb vorbereiten. Als Nächstes wird dann der Grillplan erstellt. Würstchen, Burger und Chicken Wings kommen meistens gut an. Wer übrigens denkt, Kinder mögen kein Gemüse, der hat's vielleicht noch nie mit gegrilltem versucht. Und hier können die Kids auch bei der Zubereitung mithelfen: Maiskolben vorbereiten, Tomaten, Paprika, Zucchini in passende Stücke schneiden und auf Grillspieße stecken. Und dazu noch einen schnellen Dip: Einfach 1 Becher Quark, 1 EL Tomatenmark, 1 EL Honig und ein paar gehackte Küchenkräuter in einer kleinen Schüssel miteinander verrühren.

Spielen und Grillvorbereitungen machen durstig, deshalb muss für Erfrischung gesorgt sein. Besser als gekaufte, und auch nicht so süß, schmecken selbst gemischte Limonaden. Besonders gut kommen fruchtige Cocktails an, die bei einer richtigen Party natürlich nicht fehlen dürfen. Dass die kleinen Grillmeister auch beim Mixen der Drinks mithelfen, versteht sich von selbst.

COCKTAIL „SUNRISE"

Jeweils ein paar Eiswürfel in ein Trinkglas geben und mit Orangensaft auffüllen. Einen Stohhalm hineinstecken und den Glasrand mit einer Orangenscheibe dekorieren. Dann ganz vorsichtig etwas Himbeersirup in das Glas fließen lassen.

FRUCHT-LIMONADE

In einer großen Karaffe 1 l Hagebuttentee mit 1 l Johannisbeer- oder Kirschsaft und 1 Flasche Mineralwasser vermischen, den Saft von 1–2 Zitronen und reichlich Eiswürfel dazugeben.

CHICKEN WINGS
mit Pflaumenmarinade

Zutaten für 4 Portionen

- 300 g entsteinte Pflaumen (aus dem Glas)
- 3 EL Orangensaft
- 1 EL Hoisin-Sauce
- 1 EL helle Sojasauce
- 1 EL Ingwer
- 2–3 Stängel Blattpetersilie
- 1 EL Sesamsaat
- Salz
- schwarzer Pfeffer aus der Mühle
- 16 Hähnchenflügel

Zeitbedarf
- 10 Minuten
- 1 Stunde marinieren
- 20 Minuten garen

Grillunterlage
- Grillplatte oder ungelochte Aluschale

So geht's

1. Die Pflaumen mit Saft in einem hohen Gefäß mit dem Mixstab pürieren. Orangensaft, Hoisin-Sauce und Sojasauce dazugeben, nochmals kurz mixen. Ingwer schälen und fein würfeln. Petersilie von den Stängeln zupfen und fein hacken.
2. Die Pflaumensauce in einem Topf kurz aufkochen lassen. Ingwer und Sesam dazugeben, die Marinade mit Salz und Pfeffer abschmecken, vom Herd ziehen.
3. Die Hähnchenflügel unter kaltem Wasser abspülen, trocken tupfen und mindestens 1 Stunde in die Marinade legen. Den Grill auf mittlere Hitze (ca. 180 °C) vorheizen.
4. Die Hähnchenflügel über direkter Hitze, wenn möglich bei geschlossenem Deckel, ca. 20 Minuten grillen. Mehrmals wenden und mit der Marinade bepinseln. Die restliche Marinade kurz erwärmen und zu den Hähnchenflügeln servieren. Die Chicken Wings mit Blattpetersilie bestreuen.

SO SCHMECKT'S AUCH | APFELMARINADE **Die Chicken Wings in eine Marinade aus 200 g Apfelkompott, 100 ml Apfelsaft, 3 EL Quittengelee, der Schale von 1 Bio-Zitrone und 3 Kaffir-Limettenblättern einlegen und auch mehrmals beim Grillen damit bestreichen.**

HÄHNCHENKEULEN
mit Kräutern & mariniert

Zutaten für 4 Portionen

- 16 Hähnchen-Unterkeulen
- 16 Basilikumblätter
- Salz
- schwarzer Pfeffer aus der Mühle
- 1 Zitrone
- 1 Bio-Orange
- 2 Limetten

Zeitbedarf
- 10 Minuten
- 1 Stunde marinieren
- 20–25 Minuten grillen

Grillunterlage
- Grillplatte oder Aluschale ohne Löcher

So geht's

1. Die Hähnchenkeulen waschen und trocken tupfen. Dann bei 8 Hähnchenkeulen vorsichtig einen Finger zwischen Haut und Fleisch schieben, sodass sich die Haut löst und man pro Keule 2 Basilikumblätter darunterstecken kann. Die Keulen mit Salz und Pfeffer würzen und mit etwas Zitronensaft beträufeln.
2. Die restlichen Hähnchenkeulen quer 2-mal recht tief einritzen. Den Saft und die abgezogenen Zesten der Orange mit dem Saft der Limetten, etwas Salz und Pfeffer vermischen. Die Hähnchenkeulen darin ca. 1 Stunde marinieren.
3. Den Grill auf mittlere Hitze (ca. 180 °C) vorheizen. Die Hähnchenkeulen über direkter Hitze 20–25 Minuten grillen. Zur Garprobe mit einem Spießchen an der dicksten Stelle einstechen. Ist der Fleischsaft klar, ist das Hähnchen durch.

Dazu passt Baguette.

MAISKOLBEN *mit Kräuterbutter*

ZUM ANKNABBERN GUT: DIE GEGRILLTEN MAISKOLBEN SCHMECKEN NICHT NUR SOLO, SONDERN AUCH ALS KNACKIGE BEILAGE ZU WÜRSTCHEN ODER STEAKS.

Zutaten für 4 Portionen

- 4 Maiskolben
- Salz
- ½ kleines Bund Basilikum
- ½ kleines Bund Petersilie
- 100 g Butter
- schwarzer Pfeffer aus der Mühle

Zeitbedarf
- 10 Minuten
- 10 Minuten kochen
- 10 Minuten grillen

Grillunterlage
- Grillrost oder Grillplatte

So geht's

1. Die Maiskolben von den Blättern und den weißen Fäden (falls vorhanden) befreien [→a]. Unter lauwarmem Wasser abspülen. In einem ausreichend großen Topf in Salzwasser zum Kochen bringen und 10 Minuten vorkochen.
2. Den Grill auf mittlere Hitze (ca. 200 °C) vorheizen. Basilikum und Petersilie von den groben Stängeln zupfen – die feinen können mitverwendet werden – und klein hacken. Mit der zimmerwarmen Butter vermischen, mit Salz und Pfeffer würzen.
3. Die vorgekochten Maiskolben abtropfen lassen und einzeln auf Alufolie legen. Mit der Hälfte der Kräuterbutter ringsum bestreichen, in die Alufolie wickeln, dabei die Enden zudrehen. Die Maiskolben über indirekter Hitze und, falls vorhanden, bei geschlossenem Deckel ca. 10 Minuten grillen, dabei mehrmals wenden.
4. Die fertigen Maiskolben vom Grill nehmen, aus der Folie wickeln, mit der restlichen Kräuterbutter bestreichen und servieren [→b].

Dazu schmeckt Baguette. Als Getränk gibt es Wasser mit Limettensaft und -scheiben oder Eistee.

Die Variante

Maiskolben mariniert
4 Maiskolben, 1 süße Grillpaprika, 2 Knoblauchzehen, Saft und Schale von 1 Limette, 6 EL Ahornsirup, 1 TL edelsüßes Paprikapulver, 1 EL Sojasauce, schwarzer Pfeffer aus der Mühle

Die Maiskolben putzen und waschen. Den Grill auf mittlere Hitze (ca. 200 °C) vorheizen. Die Grillpaprika von Stielansatz und Kernen befreien, das Fruchtfleisch sehr fein hacken. Knoblauchzehen abziehen und ebenfalls fein hacken. Beides in einer kleinen Schüssel mit den restlichen Zutaten vermischen. Die Maiskolben rundum damit bestreichen und über indirekter Hitze auf der Grillplatte oder dem Rost und, falls vorhanden, bei geschlossenem Deckel, ca. 20 Minuten grillen. Dabei mehrmals wenden und mit der Marinade bestreichen.

[b]

[a]

DAS IST *wirklich* WICHTIG

[a] MAIS PUTZEN Die grünen Hüllblätter entfernen und die feinen Fäden, die direkt am Maiskolben haften, abziehen.

[b] ZUM KNABBERN Damit man sich die Finger an dem heißen Maiskolben beim Essen nicht verbrennt, einfach links und rechts einen Zahnstocher hineinstecken.

DAS IST *wirklich* WICHTIG

[a] FÜR DIE FÜLLUNG Die Schalen der Bananen werden am Schlitz etwas aufgebogen. So schafft man mehr Platz, um die Bananen auseinanderdrücken zu können und sie zu füllen. Die Bananen sollten zwar fest, aber reif sein. Grüne, unreife Bananen haben noch zu viele Gerbstoffe und werden auch beim Grillen nicht süß.

[a]

GRILLBANANEN
mit Marshmallows & Nüssen

MIT DIESEN LECKER GEFÜLLTEN BANANEN MACHEN SIE GARANTIERT ALLE NASCHKATZEN GLÜCKLICH – UND SIE SCHMECKEN NICHT NUR KINDERN!

Zutaten für 4 Portionen

- 1 Pfirsich (oder Obst je nach Saison, z. B. Erdbeeren, Mango)
- 20 g Schokolade (mind. 60 % Kakaoanteil)
- 4 Butterkekse
- 4 TL Walnüsse oder Pecannüsse
- 4 Bananen
- 16 Mini-Marshmallows

Zeitbedarf

- 15 Minuten
- 10 Minuten grillen

Grillunterlage

- Grillplatte oder Grillblech

So geht's

1. Den Pfirsich waschen, halbieren, den Kern entfernen und das Fruchtfleisch in kleine Stücke schneiden. Die Schokolade ebenfalls in kleine Stückchen schneiden. Die Butterkekse zerbrechen, aber nicht zu fein zerkrümeln. Die Nüsse hacken.
2. Die Bananen, die gebogenen Enden zeigen dabei nach oben, ungeschält der Länge nach einschneiden, sodass das Fruchtfleisch fast halbiert wird. Dabei darauf achten, dass die Unterseite der Schale nicht verletzt wird. Jede Banane auf geknüllte Alufolie setzen, die aufgeschnittene Seite zeigt dabei nach oben.
3. Die Bananen mit den Fingern der Länge nach etwas aufdrücken **[→a]**. In die dabei entstandene Öffnung Pfirsich- und Schokoladenstückchen, Kekse, Nüsse und die kleinen Marshmallows stecken. Die Bananen einzeln in Alufolie wickeln, sodass nur die befüllte Oberseite offen bleibt. Werden die Bananen nicht sofort gegrillt, kann man sie so gut im Kühlschrank aufbewahren.
4. Den Grill auf mittlere Hitze (ca. 200 °C) vorheizen. Die in Folie gewickelten Bananen auf der geknüllten Alufolie (als Sockel) auf den Grill setzen und über indirekter Hitze bei geschlossenem Deckel ca. 10 Minuten grillen, bis die Schokolade und die Marshmallows geschmolzen sind. Die Bananen kurz abkühlen lassen und servieren.

Die Variante

Schoko-Bananen
4 Bananen, 50 g Schokolade, 1 EL Erdnussbutter, 3 EL gehackte Nüsse

Die Bananen schälen und der Länge nach teilen. Auf der glatten Seite der Grillplatte oder einem ungeschlitzten Grillblech 2 Minuten über direkter mittlerer Hitze grillen. In einem kleinen Töpfchen oder einem aus Alufolie geformten Schälchen die Schokolade und die Erdnussbutter schmelzen. Die Bananen vom Grill nehmen, mit der Schokosauce und den gehackten Nüssen anrichten. Nach Belieben noch etwas geschlagene Sahne dazu servieren.

WINTER

Heißes für kalte Tage

WER SAGT DENN, DASS IM WINTER DER GRILL EINGEMOTTET WERDEN MUSS? SELBST BEI MINUSGRADEN IST DRAUSSEN GENIESSEN ANGESAGT – JETZT VOR ALLEM MIT EHER KRÄFTIGEN GERICHTEN, DIE VON INNEN WÄRMEN.

TRINKGENUSS

mit und ohne Alkohol

HÄTTE MAN VOR ZEHN JAHREN 100 PERSONEN NACH DEM PASSENDEN GETRÄNK ZUM GRILLEN GEFRAGT, WÄRE DIE ANTWORT WOHL GEFÜHLTE 95 MAL „BIER!“ GEWESEN. DOCH IN DER ZWISCHENZEIT HAT SICH VIELES GEWANDELT.

Mit der rasanten Verbreitung von Gas- und Kugelgrills haben sich auch die Zubereitungsmöglichkeiten über dem offenen Feuer stark erweitert. Die früher stimmige Gleichung „Grillen = Fleisch“ gilt nicht mehr, Grillen ist ein Feinschmeckerthema geworden. Und das erfordert auch ein breiteres Angebot an passenden Begleitern im Glas.

BIER HER, BIER HER …

Natürlich nach wie vor beliebt bei Grillfans. Und der Kenner weiß: Auch beim Bier gibt es große Unterschiede. Pils aus Norddeutschland ist stets herb, leicht bitter, sehr trocken und frisch. Je weiter südlich man kommt, desto weicher und süßer werden die Biere – und weil das so süffig ist, werden auch die Biergläser größer.

- Süffige Biere passen am besten zu dunklem Fleisch und leicht scharfen Speisen.
- Trockene Biere sind ideale Begleiter für Geflügel, Kalbfleisch, stark gegrillten Fisch und auch für Kartoffeln.
- Für Gemüse und zarten Fisch ist ein eher neutrales Export zu empfehlen.

WEIN: QUAL DER WAHL

Die Welt des Weins ist riesig, für Laien fast schon unüberschaubar. Als kleine Hilfe ein paar Standardkombinationen für die feinen Essensbegleiter:

- Kräftige Rotweine wie Cabernet Sauvignon, Merlot, Lemberger oder Spätburgunder passen sehr gut zu dunklen Fleischsorten wie Rind und Lamm.
- Weißweine aus dem Barrique, z. B. Grauburgunder oder Chardonnay, harmonieren besonders gut mit Geflügel, Kalbfleisch oder Schweinefilet.
- Frische Weißweine wie Riesling oder Sauvignon blanc kombiniert man mit gegrilltem Fisch.
- Grundsätzlich gilt: Je schärfer oder intensiver die Speisen, desto weniger trocken sollte der Wein sein, weil sich Schärfe und Tannine „beißen“. Das trifft auch auf Säure im Weißwein zu. Ideal sind hier Aroma- und Bukettsorten wie Scheurebe oder restsüße Rieslinge, die mit dem Zucker gegensteuern und ausgleichen können.

OHNE PROZENTE

Es muss nicht immer Alkohol im Spiel sein. Im Winter wärmen Glühwein oder Punsch. Im Sommer sind gut gekühlte Mixgetränke wie Wasser mit Limettenscheiben und Eiswürfeln, mit einem Schuss Cassis-Sirup und einem Zweig Minze, der Frische-Hit schlechthin. Und auch Saftbowlen sind leicht gemixt. Besonders attraktiv kann man sie in ausgehöhlten Früchten wie Ananas oder Kokosnüssen servieren.

Fruchtbowle

Je ¼ l Ananas-, Orangen- und Bananensaft, 100 ml Zitronensaft, 750 ml Mineralwasser, etwas Holunder- oder Kirschsirup nach Geschmack, Zitronenmelisse oder Limettenscheiben

Alle Zutaten in einer kalten Schüssel mixen, Eiswürfel dazugeben und etwas Zitronenmelisse oder Limetten beigeben.

Apfelpunsch

1 l Apfelsaft, Saft und die Schale von 1 Orange, gehackter Ingwer nach Geschmack, 1 Zimtstange, 2 Sternanis, 2 grüne Kardamomkapseln

Alle Zutaten miteinander aufkochen und danach auf kleinster Flamme kurz durchziehen lassen.

AUSSIE-BURGER
reich belegt

NICHT UMSONST NENNT MAN SIE DOWN UNDER „BURGER WITH A LOT", DENN IN AUSTRALIEN WIRD SO EINIGES AN ZUTATEN ZWISCHEN DIE BRÖTCHEN GEPACKT!

Zutaten für 4 Portionen

- 150 g geräucherter Speck
- 500 g Rinderhackfleisch
- 5 Eier
- Salz, Pfeffer aus der Mühle
- Paprikapulver
- 1 Zwiebel
- 2 Gewürzgurken
- 2 Tomaten
- 4 Salatblätter
- 4 Scheiben Ananas (frisch oder aus der Dose)
- 1 gekochte Rote Bete
- 4 große Hamburger-Brötchen
- 1 EL Pflanzenöl
- Ketchup
- Mayonnaise
- Senf
- 4 Scheiben Emmentaler

Zeitbedarf
- 30 Minuten
- 8–10 Minuten grillen

Grillunterlage
- Grillrost, Grillpfanne oder Grillplatte

So geht's

1. Den Speck durch den Fleischwolf drehen oder mit einem großen Messer fein hacken. Mit dem Hackfleisch und 1 Ei vermengen, mit Salz, Pfeffer und Paprikapulver würzen. Daraus 4 große Burger formen **[→a]** und kühl stellen.
2. Die Zwiebel abziehen und in feine Ringe schneiden. Die Gewürzgurken und die Tomaten in dünne Scheiben schneiden. Die Salatblätter waschen und trocken tupfen. Entweder von einer frischen Ananas 4 dünne Scheiben abschneiden (Schale und Mittelstrunk entfernen) oder 2 Ananasscheiben aus der Dose verwenden und jeweils quer halbieren, um dünnere Scheiben zu erhalten. Die Rote Bete in 8 dünne Scheiben schneiden.
3. Den Grill auf mittlere Hitze (ca. 200 °C) vorheizen. Die Burger auf den Rost oder auf die Grillplatte legen und offen über direkter Hitze anbraten. Nach ca. 4 Minuten wenden, von der anderen Seite in ca. 4 Minuten fertig grillen. Verwendet man frische Ananasscheiben, kann man sie, ebenso wie die Zwiebelringe, von jeder Seite 1–2 Minuten mit auf den Grill legen.
4. Die Brötchen aufschneiden und kurz vor Ende der Grillzeit die Hälften zum Anrösten auf den Grill legen. Die Burger und die Brötchenhälften warm stellen. Die Grillpfanne auf den Rost stellen, das Öl erhitzen und die restlichen 4 Eier zu Spiegeleiern braten.
5. Alle Brötchenhälften mit Ketchup, Mayonnaise und Senf bestreichen. Die Brötchenunterseiten belegen: zuerst das Spiegelei, dann nacheinander 1 Scheibe Käse, den Burger, Zwiebelringe, Ananas-, Gurken-, Rote-Bete- und Tomatenscheiben, Salatblatt. Zum Schluss den Brötchendeckel auflegen und den Burger servieren.

Dazu schmeckt ein Glas Bier besonders gut.

[a]

DAS IST *wirklich* WICHTIG

[a] BURGER FORMEN Am besten formt man 2 cm dicke flache Burger. Sind sie zu dünn, werden sie schnell trocken, zu dick geformt, werden sie außen zu dunkel und sind innen noch nicht gar. In die Mitte jeweils eine kleine Vertiefung drücken, damit sich der Burger beim Grillen nicht wölbt, sondern schön flach bleibt – wichtig fürs Belegen.

GEFLÜGELFRIKADELLEN

mit getrockneten Tomaten

Zutaten für 4 Portionen

- 500 g Hähnchenbrustfilets
- 1–2 Schalotten
- 3–4 getrocknete Tomaten
- 1 EL Olivenöl
- ½ TL eingelegter Ingwer
- 1 Ei
- 2 EL Semmelbrösel
- ½ TL Wasabipaste
- 1 TL Honig
- Salz
- schwarzer Pfeffer aus der Mühle
- 4 Eier
- Öl zum Grillen
- Paprikapulver
- Currypulver
- evtl. 4 Hamburger-Brötchen

Zeitbedarf
- 25 Minuten
- 8–10 Minuten grillen

Grillunterlage
- Grillplatte, Grillrost

So geht's

1. Die Hähnchenbrust unter kaltem Wasser abspülen, trocken tupfen und von Fett und Sehnen befreien. Dann durch den Fleischwolf drehen oder mit einem großen Messer fein hacken.
2. Die Schalotten abziehen und klein hacken. Die getrockneten Tomaten in feine Würfelchen schneiden. Beides in einem kleinen Topf in Olivenöl kurz anschwitzen. Den Ingwer klein hacken.
3. Das Hähnchenhack mit Schalotten, Tomaten, Ingwer, Ei, Semmelbröseln, Wasabipaste und Honig vermischen, mit Salz und Pfeffer würzen. Aus der Hackmasse 4 ca. 2 cm dicke Frikadellen formen.
4. Den Grill auf starke Hitze (ca. 250 °C) vorheizen. Die Frikadellen auf beiden Seiten jeweils 2 Minuten über direkter Hitze angrillen. Dann die Hitze reduzieren bzw. die Frikadellen etwas an den Rand schieben, unter zweimaligem Wenden fertig grillen, bis das Hähnchenhack ganz durchgegart ist.
5. Kurz vor Ende der Grillzeit 4 Eier auf der Grillplatte oder in einer Pfanne zu Spiegeleiern braten. Mit etwas Paprika- und Currypulver würzen. Mit den Hähnchenfrikadellen anrichten. Oder 4 Brötchen halbieren, kurz auf dem Grill anrösten, dann mit Frikadelle und Spiegelei belegen.

Zu den kräftigen Aromen von Wasabi und Ingwer passt am besten ein Bier.

FISCHBURGER
mit Cornflakeskruste

Zutaten für 4 Portionen

- 700 g Kabeljaufilet
- 1 Ei
- 1 EL rote Pfefferkörner
- 2 EL Mayonnaise
- 1 EL mittelscharfer Senf
- 1 TL gehackte Petersilie
- 1 fein gewürfelte Knoblauchzehe
- Salz
- schwarzer Pfeffer aus der Mühle
- ½ TL Senfpulver
- 1 Tasse Cornflakes

Zeitbedarf
- 15 Minuten
- 30 Minuten kühlen
- 10 Minuten grillen

Grillunterlage
- Grillplatte oder gusseiserne Grillpfanne

So geht's

1. Das Fischfilet ca. 20 Minuten im Backofen bei 180 °C garen, es lässt sich so besser weiterverarbeiten und formen als roher Fisch. Die Flüssigkeit, die sich dabei bildet, abgießen. Das Fischfilet abkühlen lassen und mit einem großen Messer fein hacken.
2. In einer Schüssel das Ei mit den zerdrückten roten Pfefferkörnern, Mayonnaise, Senf, Petersilie und Knoblauch verquirlen, mit Salz, Pfeffer und Senfpulver abschmecken. Den Fisch dazugeben und 4 ca. 2 cm dicke Frikadellen formen. Die Cornflakes zerkrümeln, die Frikadellen darin wälzen. Auf Küchenpapier legen und 1 Stunde im Kühlschrank fest werden lassen.
3. Den Grill auf mittlere Hitze (ca. 180 °C) vorheizen. Die Frikadellen auf der Grillplatte oder in der Pfanne über direkter Hitze unter einmaligem Wenden offen ca. 10 Minuten grillen.

Dazu passen Baguette, ein Kokos-Dip (siehe Seite 31) und als Getränk ein feinherber Riesling.

TOFU-BURGER
mit Gemüse

Zutaten für 4 Portionen

- 1 Zwiebel
- 2 Knoblauchzehen
- evtl. 1 EL Öl zum Dünsten
- 1 Karotte
- 1 rote Paprikaschote
- 500 g Tofu
- 6 EL Semmelbrösel
- 2 Eier
- 1 TL Rosenpaprika
- ½ TL Kurkuma
- 2 EL Sojasauce
- Salz
- schwarzer Pfeffer aus der Mühle

Zeitbedarf
- 15 Minuten
- 6–8 Minuten grillen

Grillunterlage
- Grillplatte, Grillrost oder Grillpfanne

So geht's

1. Zwiebel und Knoblauch abziehen und fein würfeln. Zwiebel evtl. in Öl in einer Pfanne glasig andünsten. Die Karotte schälen und fein würfeln. Paprikaschote halbieren, Trennwände und Kerne entfernen. Die Hälften waschen und in feine Würfel schneiden.
2. Die Gemüse in eine Schüssel geben. Den Tofu zerkrümeln und dazugeben, dann Semmelbrösel, Eier, Paprikapulver, Kurkuma und Sojasauce. Die Masse mit den Händen gut durchkneten, mit Salz und Pfeffer abschmecken.
3. Aus der Tofumasse 4 ca. 2 cm dicke Frikadellen formen und auf dem Grill bei mittlerer Hitze (ca. 200 °C) in 6–8 Minuten von beiden Seiten über direkter Hitze grillen.

Dazu passen Tsatsiki (siehe Seite 31) und als Getränk ein trockener Weißburgunder.

SO GELINGT'S | KÜHLEN **Stellt man die vorgeformten Frikadellen einige Stunden im Kühlschrank kalt, bleiben sie beim Grillen fester.**

DAS IST *wirklich* WICHTIG

[a] EINWICKELN Die Speckscheiben so auslegen, dass sich die Scheiben etwas überlappen. Das Fleisch in die Mitte legen. Die Speckscheiben darüberklappen, dabei unten von links nach rechts beginnen, danach oben von rechts nach links. So ist das Fleisch ganz bedeckt und vor dem Austrocknen geschützt.

[b] FIXIEREN Die Speckscheiben werden mit Zahnstochern verbunden, damit sie beim Grillen nicht vom Fleisch rutschen können.

[a]

[b]

GRILLVARIATIONEN *im Speckmantel*

WICKELT MAN FISCH ODER FLEISCH ZUM GRILLEN EIN, BLEIBT ES NICHT NUR SAFTIG, SONDERN BEKOMMT DURCH DIE WÜRZIGE HÜLLE ZUSÄTZLICH GESCHMACK.

Zutaten für 4 Portionen

- 4 Lammlachse à 150 g
- 1 Schweinelende (ca. 700 g)
- 2 Zweige Rosmarin
- 2 Zweige Minze
- 2 Knoblauchzehen
- 1 TL Dijon-Senf
- schwarzer Pfeffer aus der Mühle
- Salz
- 3 EL Olivenöl
- 30 Scheiben geräucherter Bauchspeck
- Zahnstocher

Zeitbedarf
- 25 Minuten
- ca. 14 Minuten grillen

Grillunterlage
- Grillplatte oder Grillrost

So geht's

1. Die Lammlachse und die Schweinelende mit Küchenpapier abtupfen und mit einem scharfen Messer von Häutchen und Sehnen befreien. Rosmarin und Minze waschen, trocken tupfen, Nadeln und Blättchen von den Stängeln zupfen und klein hacken. Die Knoblauchzehen abziehen und ebenfalls klein hacken.
2. Die Kräuter und den Knoblauch in einer Schüssel mit Senf, Pfeffer, Salz und Olivenöl vermischen. Die Lammlachse und die Schweinelende einlegen, in der Marinade wenden, sodass sie von allen Seiten damit bedeckt sind.
3. Für die Lammlachse je 5 Scheiben Speck leicht überlappend nebeneinanderlegen, die Lammlachse darauflegen und die Speckscheiben übereinanderklappen **[→a]**. Mit Zahnstochern fixieren, dabei darauf achten, nicht ins Fleisch zu stechen **[→b]**. Für die Schweinelende 10 Speckscheiben auslegen und ebenso verfahren. Wird das Fleisch nicht sofort gegrillt, kann es so eingepackt gut 1 Tag im Kühlschrank durchziehen.
4. Den Grill auf starke Hitze (ca. 250 °C) vorheizen. Zunächst die Lende von allen Seiten bei geschlossenem Deckel über direkter Hitze 8 Minuten grillen. Dann die Lammlachse dazulegen und beides unter mehrmaligem Wenden bei geschlossenem Deckel in ca. 6 Minuten fertig braten. Durch den Speckmantel, auch wenn er beim Grillen stark gebräunt wird, bleibt das Fleisch geschützt und saftig. Es sollte nicht durchgebraten, sondern innen noch rosa sein. Das Fleisch vor dem Anschneiden 2 Minuten ruhen lassen, damit möglichst wenig Fleischsaft austritt.

Dazu passt besonders gut ein würziger Spätburgunder. Als Beilage schmeckt ein grüner Bohnensalat mit Speck.

Die Varianten

Hähnchen ungarisch
4 Hähnchenbrustfilets à ca. 250 g, Rosenpaprika, 1 rote Zwiebel, 20 Scheiben geräucherter Bauchspeck, Salz, Pfeffer

Hähnchen mit Paprika einreiben. Zwiebel in dünne Scheiben schneiden. Je 5 Speckscheiben auslegen, in die Mitte 1 Lage Zwiebeln, darauf je 1 Hähnchenfilet, 1 Lage Zwiebeln. Mit Salz und Pfeffer würzen, einwickeln und fixieren. Über mittlerer direkter Hitze (ca. 200 °C) 6 – 8 Minuten von beiden Seiten grillen.

Fisch indisch
2 TL Garam Masala, 5 EL Olivenöl, 4 Lachsfilets ohne Haut à 200 g, 20 Scheiben geräucherter Bauchspeck, Salz, Pfeffer

Garam Masala mit Öl verrühren. Lachsfilets darin wenden, in je 5 Speckscheiben wickeln, fixieren, über indirekter mittlerer Hitze ca. 8 Minuten beidseitig grillen. Den Lachs erst beim Essen mit Salz und Pfeffer würzen.

LAMMLACHSE *im Wirsingmantel*

DIE AUSGELÖSTEN RÜCKENSTÜCKE DES LAMMS SIND BESONDERS FEIN UND ZART. DAMIT SIE NICHT TROCKEN WERDEN, SOLLTE MAN SIE NUR ROSA GRILLEN.

Zutaten für 4 Portionen

- 250 g Zucchini
- 250 g Auberginen
- 2 Karotten
- 2 Knoblauchzehen
- 4 große Wirsingblätter
- 4 Lammlachse à 200 g
- Olivenöl zum Bestreichen
- Butter zum Andünsten
- einige Zweige Thymian
- Salz
- schwarzer Pfeffer aus der Mühle
- 100 ml Weißwein
- 200 g feines Wurstbrät
- Saft von ½ Limette
- Cayennepfeffer
- Küchengarn

Zeitbedarf

- 40 Minuten
- ca. 10 Minuten grillen

Grillunterlage

- gusseiserne Grillpfanne, Grillrost oder Grillplatte

So geht's

1. Den Grill auf mittlere Hitze (ca. 180 °C) vorheizen. Zucchini und Auberginen waschen und in Würfel schneiden. Karotten schälen und in 3–4 mm dicke Ringe schneiden. Knoblauch abziehen und fein hacken.
2. Die Wirsingblätter in Salzwasser 2 Minuten blanchieren, in Eiswasser abschrecken und sorgfältig trocken tupfen. Jeweils die Mittelrippen flach schneiden. Die Lammlachse von Fett und Sehnen befreien. Mit ein wenig Olivenöl bestreichen.
3. In der Grillpfanne am Rand des Grills das Gemüse in etwas Butter andünsten. Thymian waschen, Blättchen abzupfen und zum Gemüse geben. Mit Salz und Pfeffer würzen, mit Wein ablöschen und bei milder Hitze ziehen lassen.
4. Die Gemüsepfanne vom Grill nehmen. Den Grill auf ca. 250 °C aufheizen. Die Lammlachse von jeder Seite 2 Minuten scharf anbraten. Vom Grill nehmen, mit Salz und Pfeffer würzen.
5. Die Wirsingblätter auslegen und mit Brät bestreichen. Jeweils 1 Lammlachs daraufsetzen und einrollen **[→a]**. Mit Küchengarn fixieren. Die Päckchen wieder auf den Grill setzen und über indirekter mittlerer Hitze (ca. 200 °C) in 5–7 Minuten bei geschlossenem Deckel rosa garen **[→b]**. Dabei einmal wenden.
6. In den letzten Minuten die Gemüsepfanne auf den Grill stellen und kurz erhitzen. Das Gemüse mit Limettensaft und Cayennepfeffer abschmecken. Von den Lamm-Päckchen die Fäden lösen, das Fleisch schräg in Scheiben schneiden und mit dem Gemüse anrichten.

Dazu passt ein südfranzösischer Rotwein.

Die Variante

Gespickte Lammhüften
4 Lammhüften à 200 g, 2 Knoblauchzehen in Scheibchen, 1 EL Rosmarinnadeln, 1 EL Honig, 1 EL Honigsenf, 2 EL zerstoßene Senfsaat, 2 EL zerstoßener grüner Pfeffer, 1 EL zerstoßener schwarzer Pfeffer, Salz, 4 Blätter gewässertes Holzpapier, Küchengarn

Die Lammhüften von Sehnen und Fett befreien. Mit einem Spickmesser pro Seite 6–8 kleine Taschen ins Fleisch stechen, abwechselnd Knoblauchscheibchen und Rosmarinnadeln hineinstecken. Honig und Senf mischen, das Fleisch damit rundum einpinseln. Senfsaat, grünen und schwarzen Pfeffer mit Salz mischen, das Fleisch darin wenden. In gewässertes Holzpapier wickeln (siehe Seite 102), mit Küchengarn fixieren. Über mittlerer direkter Hitze (ca. 200 °C) bei geschlossenem Deckel in 10–12 Minuten unter einmaligem Wenden rosa grillen.

DAS IST *wirklich* WICHTIG

[a] und [b] EINWICKELN Wenn man die Mittelrippen der Wirsingblätter mit einem Messer abgeflacht hat, lassen sich die Blätter leichter zusammenrollen. Und die mit Küchengarn verschlossenen Päckchen garen am Grill dann auch auch gleichmäßiger.

[a]

[b]

DAS IST *wirklich* WICHTIG

[a] AUFSPIESSEN Die Garnelen in einem Bogen über die oberen, dünnen Enden der Zitronengrasstangen drücken und danach an das dickere Ende schieben.

WEISSKOHLTASCHEN
mit Linsen-Garnelen

DIE FEINEN TASCHEN SIND EINE BESONDERS RAFFINIERTE VARIANTE EINES KLASSIKERS DER DEFTIGEN HAUSMANNSKOST: DER KOHLROULADE.

Zutaten für 4 Portionen

- 1 Kopf Weißkohl
- Salz
- 2 Zwiebeln
- 2 Knoblauchzehen
- 2 Karotten
- 150 g rote Linsen
- 1 kleine rote Chili
- 16 Salzwassergarnelen
- 4 Stängel Zitronengras
- 2 EL Olivenöl
- 40 ml Noilly Prat (trockener Vermouth)
- 300 ml Gemüsebrühe
- schwarzer Pfeffer aus der Mühle
- 1 TL Kurkuma
- 1 TL Garam Masala
- Öl zum Grillen
- Koriandergrün nach Wunsch

Zeitbedarf
- 45 Minuten
- ca. 14 Minuten grillen

Grillunterlage
- Grillplatte oder Grillrost, gusseiserne Grillpfanne

So geht's

1. Vom Weißkohl 4 große Blätter vorsichtig ablösen und in kochendem Wasser ca. 1 Minute blanchieren. Herausnehmen und trocken tupfen. Die Zwiebeln und die Knoblauchzehen abziehen und hacken. Die Karotten schälen und fein würfeln.
2. Die roten Linsen in einem Sieb waschen und abtropfen lassen. Die Chilischote waschen, den Stiel und evtl. die Kerne entfernen, die Schote hacken. Die Garnelen unter fließend kaltem Wasser abspülen und trocken tupfen. Die Zitronengrasstängel am dünneren Ende schräg anschneiden und auf jeden Stängel 4 Garnelen spießen [→a].
3. Den Grill auf 200 °C vorheizen. In der gusseisernen Grillpfanne das Olivenöl erhitzen, die Zwiebeln und Karotten darin anschwitzen. Nach 2 Minuten auch den Knoblauch zugeben. Dann die Linsen in die Pfanne geben, unter Rühren kurz mitschwitzen. Mit Noilly Prat ablöschen. Die Gemüsebrühe dazugießen und 5 Minuten einköcheln lassen. Mit Salz, Pfeffer, Kurkuma und Garam Masala würzen. Die gehackte Chilischote dazugeben. Wenn die Flüssigkeit vollständig eingekocht ist, die Pfanne vom Grill nehmen.
4. Die Garnelenspieße mit Öl einpinseln und über direkter Hitze von jeder Seite 2 Minuten grillen. Die Weißkohlblätter auslegen und auf jedes Blatt einen ordentlichen Klecks Linsengemüse geben. Je 4 Garnelen (oder je 1 Garnelenspieß) auf die Linsen legen, darüber wieder einen Klecks Linsen geben. Evtl. gehackten Koriander darüberstreuen. Die Kohlblätter wie Päckchen fest zusammenfalten und mit Küchengarn verschnüren (siehe Seite 137).
5. Die Weißkohltaschen auf dem Grill von allen Seiten über direkter Hitze ca. 10 Minuten grillen, bis die Blätter appetitlich braun gefärbt sind.

Dazu passen Reis und ein Glas reifer Riesling.

ALLES WURST

Die Grillklassiker

FÜR EINE GROSSE RUNDE ODER WENN ES MAL SCHNELL GEHEN MUSS: GEGRILLTE WÜRSTCHEN SIND UNKOMPLIZIERT UND SCHMECKEN GROSS UND KLEIN.

WURSTSPEZIALITÄTEN

Doch die Entscheidung, welche Wurst es denn sein soll, ist gar nicht so einfach, denn die Auswahl an regionalen oder sogar lokalen Varianten ist riesig. Wir stellen ein paar der beliebtesten Grillwürste vor.

NÜRNBERGER ROSTBRATWURST

Das in der Struktur feine, nicht mal 10 cm lange und maximal 25 g schwere Würstchen hat eine lange Tradition: Schon 1313 legte der Rat der Reichsstadt Nürnberg die Rezeptur aus Schweinefleisch, Salz, Majoran und Pfeffer fest. Nur Bratwürste, die im Stadtgebiet Nürnberg hergestellt wurden, dürfen sich laut EU-Herkunftsschutz auch Nürnberger (Rost-) Bratwürste nennen.

THÜRINGER ROSTBRATWURST

Auch diese Wurst, die es seit Anfang des 15. Jahrhunderts gibt, genießt EU-Herkunftsschutz. Sie muss mindestens 15 cm lang, mittelfein, in einem Naturdarm und aus Schweinefleisch sein, das auch mit Kalb oder Rind gemischt sein darf. Die würzige Note bezieht sie aus den Gewürzen Kümmel, Muskatblüte, Knoblauch und Majoran. Mindesten 51 % der verwendeten Grundzutaten müssen aus Thüringen stammen.

ROTE WURST

Sehr beliebt vor allem in Württemberg, wo sie oft auch nur „Rote" genannt wird. Sie besteht aus sehr fein zerkleinertem Schweinefleisch und Speck, Nitritpökelsalz sorgt für die charakteristische rote Farbe.

SALSICCIA

Diese italienische Bratwurst ist von feiner Struktur und mit 100 g verhältnismäßig schwer. Sie enthält neben Grundbrät auch Schweinefleisch und Schweinebauch, typische Gewürze sind dafür Fenchelsamen und weißer Pfeffer.

MERGUEZ

Unter Grillfreunden immer beliebter ist diese nordafrikanische Wurst, die überwiegend aus Lamm- und etwas Rindfleisch besteht, gewürzt mit Harissa oder anderen kräftigen Mischungen, die Pfeffer und Kreuzkümmel enthalten.

PASSENDE BEGLEITUNG

Der Klassiker ist ein Klecks Senf. Dabei muss es nicht immer die mittelscharfe Variante sein, es gibt viele Spezialsenfe, auch mit Kräutern und Früchten. Als Faustregel gilt: Je feiner die Wurst, desto milder sollte auch der Senf sein. Zur Merguez also einen kräftigen und scharfen Senf wählen, zur Roten Wurst auch mal was Fruchtiges, z. B. einen Feigensenf. Gleiches gilt für Chutneys oder Ketchup – denn die Wurst sollte immer die Hauptrolle spielen.

WÜRSTCHEN GRILLEN

Das ist zwar nicht besonders schwierig, trotzdem ein paar Tipps, damit es gut gelingt:

- Vor dem Grillen die Würste mit der Messerspitze mehrmals diagonal von beiden Seiten leicht einritzen – das verhindert unkontrolliertes Aufplatzen und vergrößert die Oberfläche. Dadurch wird die Wurst auch krosser.
- Da Bratwürste – bis auf eher fettarme Lammwürstchen – meist viel Fett enthalten, muss man sie vor dem Grillen auch nicht mit Öl bestreichen.
- Um Fetttropfen auf der Glut zu vermeiden, sollten die Würste am besten über indirekter starker Hitze (ca. 250 °C) bei geschlossenem Deckel gegrillt werden. Im Zweifelsfall lieber bei weniger Hitze länger grillen als zu heiß. Mit offenem Deckel geht es natürlich auch.
- Würste stets quer zum Rost auflegen, so bekommen sie ein schönes Grillmuster. Die Unterlage spielt aber keine wesentliche Rolle, man kann auch eine glatte oder geriffelte Grillplatte oder Alu-Grillschalen verwenden.
- Die Grillzange benutzt man so, dass man damit die Würste lediglich rollt. Das umständliche Drehen entfällt.
- Lange Würste kann man auch zu einer Schnecke aufrollen und mit einem Schaschlikspieß durchstechen.

TRÜFFELHÜHNCHEN
mit Karottengemüse

WENN ES MAL WAS GANZ BESONDERES SEIN SOLL: EINE RAFFINIERTE GEFLÜGELVARIATION MIT FEINEN TRÜFFELSCHEIBCHEN.

Zutaten für 4 Portionen

- 1 Bio-Maishähnchen (ca. 1,7 kg)
- 1 Zitrone
- 3 Knoblauchzehen
- 1 TL rote Pfefferbeeren
- 3 EL Olivenöl
- Salz
- schwarzer Pfeffer aus der Mühle
- 20 g schwarze Winteredeltrüffel
- 750 g Karotten
- 1 EL Rohrzucker
- 30 g Butter
- 100 ml Weißwein
- 100 ml Gemüsebrühe
- einige Zweige Zitronenthymian
- 30 g Parmesan

Zeitbedarf
- 30 Minuten
- ca. 20–30 Minuten grillen

Grillunterlage
- Grillplatte oder Grillrost

So geht's

1. Das Hähnchen waschen, trocken tupfen und in Brüste, Keulen und Flügel zerlegen. Die Zitrone auspressen. Knoblauch abziehen, 1 Zehe fein hacken, die anderen in Scheibchen schneiden. Pfefferbeeren im Mörser zerstoßen. Zitronensaft mit gehacktem Knoblauch, rotem Pfeffer und Öl verrühren, mit Salz und Pfeffer würzen.
2. Trüffel hobeln oder mit einem sehr scharfen Messer fein schneiden. Vorsichtig je 2–3 Scheiben unter die Haut von Brüsten und Keulen schieben (siehe Seite 68/69). Ebenso die Knoblauchscheibchen.
3. Karotten schälen und in dünne Scheiben schneiden. In einem Topf den Zucker goldbraun schmelzen lassen, Butter einrühren, die Karotten darin anschwitzen. Weißwein und Brühe zugeben, erhitzen und etwas einreduzieren lassen. Mit Thymianblättchen, Salz und Pfeffer würzen.
4. Die Hähnchenteile mit der Zitronenmarinade rundum bestreichen. Auf dem Grill über mittlerer direkter Hitze (ca. 200 °C) offen ca. 20–30 Minuten grillen, bis sie schön gebräunt und ganz durchgegart sind. Mehrmals wenden. Zur Garprobe mit einem Spießchen an der dicksten Stelle einstechen. Ist der Fleischsaft klar, ist das Hähnchen durch. Mit dem mit Parmesan behobelten Karottengemüse servieren.

Dazu passt eine trockene Riesling Spätlese aus der Pfalz besonders gut.

HÄHNCHENKEULEN
ungarisch scharf

JEDES LAND HAT SO SEINE GANZ BESTIMMTEN GEWÜRZE, DIE MAN MIT IHM VERBINDET: BEI UNGARN IST ES EINDEUTIG PAPRIKA.

Zutaten für 4 Portionen

- 1 TL edelsüßes Paprikapulver
- 1 – 2 TL scharfes Paprikapulver
- 3 EL Olivenöl
- 8 Hähnchenkeulen
- 3 Zwiebeln
- 3 Knoblauchzehen
- ¼ l Geflügelfond
- etwas Olivenöl zum Grillen
- 1 EL Tomatenmark
- 125 g Crème fraîche
- Salz
- schwarzer Pfeffer aus der Mühle
- Saft und Schale von 1 Bio-Zitrone

Zeitbedarf
- 15 Minuten
- ca. 35 Minuten grillen

Grillunterlage
- Grillplatte oder Grillrost, Grillschale

So geht's

1. In einer Grillschale beide Sorten Paprikapulver mit dem Olivenöl gut vermischen. Die Hähnchenkeulen unter kaltem Wasser gründlich abspülen und trocken tupfen. Die Keulen in der Grillschale wenden, bis die Mischung gut haften bleibt.
2. Die Zwiebeln abziehen und in Spalten schneiden. Knoblauchzehen abziehen und hacken. Den Grill auf mittlere bis starke Hitze (ca. 230 °C) vorheizen. Die Hähnchenkeulen kräftig von allen Seiten über direkter Hitze angrillen, dabei immer wieder mit einer Grillzange wenden. Die Grillschale beiseitestellen.
3. Den Geflügelfond in einem Töpfchen auf dem Grill erhitzen. Die Hähnchenkeulen nach 7 – 8 Minuten vom Grill nehmen und in die Grillschale mit dem Paprikaöl legen. Die Schale auf den Grillrost zurückstellen.
4. Auf der Grillplatte oder in einer Grillschale die Zwiebelspalten in etwas Olivenöl angrillen, dann den Knoblauch dazugeben. Beides in die Grillschale zum Huhn geben. Tomatenmark zugeben, mit heißem Geflügelfond aufgießen und alles gut vermischen. Nun entweder den Grilldeckel schließen oder die Keulen mit einer zweiten Grillschale bedecken. 20 Minuten grillen.
5. Die Hähnchenkeulen aus der Schale heben und auf einer Platte warm stellen. In den Sud Crème fraîche einrühren und mit Salz, Pfeffer, Saft und Schale der Zitrone abschmecken.

Dazu passen Baguette (in Ungarn isst man dazu Kartoffelnockerln) und ein trockener, kräftiger Rotwein.

SO SCHMECKT'S AUCH | FEINE RÖSTAROMEN **bringt man ins Spiel, wenn man die Hühnerkeulen bereits nach 10 Minuten aus der Grillschale holt, etwas abtropfen lässt und dann bei offenem Deckel fertig grillt.**

BRATÄPFEL
mit Ingwer-Vanille-Sauce

WENN MAN FÜRS WINTERGRILLEN EIN BESONDERS PASSENDES DESSERT SUCHT, DANN DENKT MAN NATÜRLICH SOFORT AN BRATÄPFEL!

Zutaten für 4 Portionen

- 20 g Pistazien
- 1 Scheibe Nusszopf oder Brioche
- 15 g Zitronat
- 2 EL Orangensaft oder Orangenlikör
- 1 Vanilleschote
- 30 g Ingwer
- 250 ml Milch
- 250 ml Sahne
- 4 Eigelb
- 50 g Zucker
- 4 große Äpfel (Braeburn oder Boskop)
- 30 g weiche Butter

Zeitbedarf
- 30 Minuten
- 15–25 Minuten grillen

Grillunterlage
- Grillblech, Grillplatte oder Grillschale

So geht's

1. Die Pistazien hacken und in einer Pfanne bei mittlerer Temperatur ohne Fett ganz leicht anrösten, ohne sie braun werden zu lassen. In eine Schüssel umfüllen. Nusszopf oder Brioche in kleine Würfel schneiden. Das Zitronat möglichst fein hacken. Beides zu den Pistazien geben. Etwas Saft oder Likör darübergießen, vermischen und kurz durchziehen lassen.
2. Für die Sauce die Vanilleschote längs aufschneiden und das Mark mit einem Messer herausschaben. Den Ingwer schälen und sehr fein hacken. Milch und Sahne mit Vanillemark, der ausgekratzten Schote und Ingwer aufkochen. Eigelbe und Zucker mit einem Schneebesen schaumig rühren, zur Sahne-Milch geben und nochmals kurz aufkochen, bis sie sämig ist. Die Vanilleschote herausfischen, die Sauce evtl. durch ein Sieb passieren.
3. Die Äpfel waschen und gut abtrocknen. Einen kleinen Deckel abschneiden und das Kerngehäuse mit einem Apfelausstecher entfernen. Die Äpfel innen mit Butter ausstreichen **[→a]**. Anschließend einzeln auf ein Stück Alufolie setzen. Nun die durchgezogene Masse mit einem Teelöffel in die Äpfel füllen. Jeweils ein kleines Stück Butter draufsetzen. Die Äpfel locker mit der Alufolie verschließen.
4. Den Grill auf mittlere Hitze (ca. 200 °C) vorheizen. Die Apfelpäckchen über indirekter Hitze ca. 15–25 Minuten bei geschlossenem Deckel garen. Bei Grills ohne Deckel ab und an drehen, damit die Hitze gleichmäßig an die Äpfel gelangt.
5. Die Bratäpfel mit der Vanillesauce (vorher nochmal kurz auf dem Grill erwärmen) anrichten.

Dazu schmeckt ein Gläschen Orangenlikör.

Die Variante

Grillpflaumen
60 g brauner Zucker, 2 EL Wasser, 60 g Butter, 8–12 Pflaumen, 4 Scheiben Hefezopf, 4 EL griechischer Joghurt

Zucker, Wasser und Butter in einer Pfanne auf dem Grill bei mittlerer Hitze (ca. 180 °C) unter Rühren erhitzen. Sobald die Masse karamellisiert, vom Grill nehmen. Die Pflaumen halbieren, entsteinen und auf der Grillplatte über direkter Hitze 2–3 Minuten grillen, dabei mehrmals wenden. Dann an den Rand des Grills legen. Die Hefezopfscheiben kurz von beiden Seiten angrillen. Zum Servieren mit den gegrillten Pflaumen belegen, jeweils einen Klecks Joghurt darübergeben und etwas Karamellsauce darüberträufeln.

[a]

DAS IST *wirklich* WICHTIG

[a] ÄPFEL VORBEREITEN Die großzügig ausgehöhlten Äpfel mit Butter auspinseln oder mit dem Finger ausstreichen. Welche Äpfel man verwendet, ist natürlich Geschmackssache, aber festere Sorten wie Boskop oder Braeburn behalten besser ihre Form.

DIE GRILLMEISTER

Echte Kerle mögen's heiß

MÄNNER UND OFFENES FEUER, DAS GEHÖRT SEIT HÖHLENZEITEN SO UNTRENNBAR ZUSAMMEN WIE DAS BORDEAUX UND WEIN. EINE INNIGE VERBUNDENHEIT OHNE WENN UND ABER – DAFÜR MIT GUTEN GRÜNDEN.

Feuermachen ist ein archaischer Akt. Und am Grill fühlt Mann sich auch heute noch in die Rolle des Jägers und Höhlenmenschen zurückversetzt, der das Feuer beherrscht und bewahrt – so erklären es uns die Anthropologen. Gas aufdrehen oder einen Stecker in die Steckdose schieben, das kann jedes Mädchen, das gilt eher als Grillen light. Echte Kerle arbeiten mit echtem Feuer, und da überlässt das starke Geschlecht es tatsächlich den Männern, sich die Hände schmutzig zu machen.

Es gab in einer Zeitschrift lange eine Bilderrätsel-Rubrik mit dem Titel „Finde den Fehler!". Dabei war auch mal ein Foto zu sehen, auf dem ein Mann gerade einen Grill angeworfen hatte und sich, während die Glut zu lodern begann, mit seinen Kumpels unterhielt. Der Fehler war: „Der hat ja gar kein Bier in der Hand!" Es gibt Dinge, die sind eben so ...

Und manche Männer sehen es als größten Nachteil beim Umstieg von Holzkohle auf Gas, dass die Zeit für das Bier-Ritual während des Feuermachens wegfällt.

Wenn Männer zusammen grillen, braucht es nicht viel: tierisches Eiweiß und genügend gekühlte Getränke in Form von Hopfenkaltschalen. Was zählt, ist Fleisch, Fleisch, Fleisch. Vitamine holt man sich aus den BBQ-Saucen. da sind doch bestimmt auch welche drin, oder?

Kleine Fleischstückchen von Pute und Huhn sind Männersache nicht. Schwer angesagt dagegen sind etwa Porterhouse-Steaks, T-Bones oder mächtige Rippenstücke, zubereitet nach original amerikanischen Südstaaten-Rezepturen. Da wird bestrichen, gewendet, beobachtet, mit dem Finger die Elastizität des Fleisches geprüft. Beliebt ist auch die Kombination von Grillen und Räuchern – also wird mit verschiedenen Hölzern experimentiert. Solche Stunden am Grill sind wahre Highlights, die es zu zelebrieren gilt, und die Erfolge dabei garantieren tiefste Zufriedenheit. Klischee hin oder her: Man(n) wird hier zustimmen müssen.

Der Männerabend am Grill ist noch schöner, wenn derjenige, der für die Getränke zuständig ist, sich ein wenig mehr Gedanken macht, als lediglich auf handelsübliche Standardware zurückzugreifen. Spezialbiere erleben derzeit ihre große Renaissance: ungespundete Keller- und Lagerbiere von kleinen Hausbrauereien. Darunter finden sich sogar „Champagnerbiere", die auch aus langstieligen Gläsern getrunken werden. In kleinen Mengen individuell hergestellt, können sie Biergenuss auf ein neues Level heben. Sie mögen gar kein Bier? Macht überhaupt nichts: Die Welt der Weine ist noch viel größer!

DAS IST *wirklich* WICHTIG

[a] BEFÜLLEN Der Darm wird, wie bei der Maschine auch, auf die Tülle gesetzt. Nun füllt man unter gleichmäßigem Druck den Darm möglichst blasenfrei und nicht zu fest. Entdeckt man beim Abdrehen der Würste dann doch mal ein paar Bläschen, mit einer Stecknadel einstechen und die Luft herausdrücken.

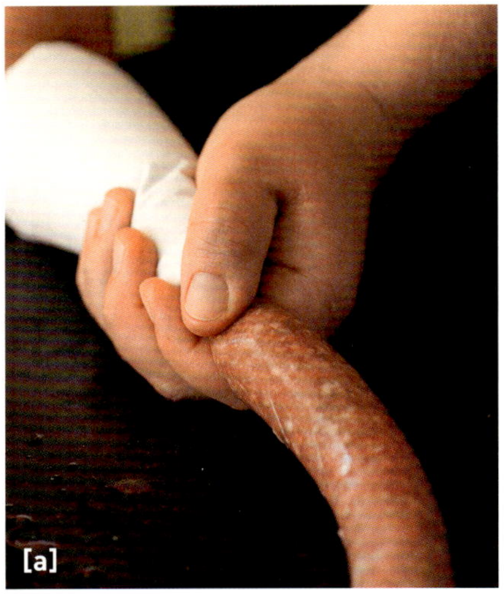

[a]

WILDBRATWÜRSTE
selbst gemacht

BRATWÜRSTE SELBER HERZUSTELLEN IST GAR NICHT SO KOMPLIZIERT. UND DER GROSSE VORTEIL DABEI: MAN WEISS GANZ GENAU, WAS DRIN IST!

Zutaten für 2 kg Wurstmasse

- 800 g mageres Wildschweinfleisch
- 600 g Wildschweinbauch
- 600 g fetter Bauch vom Hausschwein
- 1 Msp. Muskatnuss
- 1 Knoblauchzehe
- 1 TL Kümmel
- 35 g Pökelsalz (ersatzweise Speisesalz)
- 1 TL schwarzer Pfeffer aus der Mühle
- 1,5 TL gerebelter Majoran
- 1 TL Rosmarin
- 2 Eier
- ca. 5 m Wurstdarm, Größe 26/28 (beim Metzger vorbestellen)
- Küchenmaschine oder Fleischwolf

Zeitbedarf
- 1 Stunde
- 30 Minuten brühen
- 1 Tag kühlen
- 5 Minuten grillen

Grillunterlage
- Grillrost oder Grillplatte

So geht's

1. Alle Sehnen und Knorpel aus dem Fleisch entfernen. Von den Schweinebäuchen die Schwarten, falls vorhanden, abschneiden. Beides in Würfel schneiden und miteinander vermengen. Muskatnuss reiben. Knoblauch sehr fein hacken. In einem Mörser den Kümmel sehr fein zerstoßen. Mit den anderen Gewürzen gut vermengen.
2. Das Fleisch durch den Fleischwolf drehen (⅔ davon durch die 5-mm-Lochscheibe, ⅓ durch die 3-mm-Lochscheibe) oder in den Blitzhacker geben und zu einer homogenen Masse verarbeiten, je nach gewünschter Konsistenz (grob bis fein). Die Eier und die Gewürze zugeben und alles mit den Händen oder den Knethaken der Küchenmaschine gut vermengen.
3. Die Wurstdärme in warmes Wasser legen und kurz durchspülen. Dafür an einem Ende hineinblasen, damit sich der Darm aufbläht, und das Wasser hindurchlaufen lassen. Den Darm auf Löcher hin kontrollieren.
4. Bei einer Küchenmaschine mit Füllaufsatz den Darm auf das Füllrohr schieben, das Ende zuknoten und die Masse möglichst blasenfrei einlaufen lassen. Oder man füllt die Wurstmasse in einen Spritzbeutel und befüllt den Darm **[→a]**.
5. Die so entstandene lange Wurst dann auf die gewünschte Länge abdrehen, immer eine Wurst linksherum, die andere rechtsherum. Die Würste in einem großen Topf mit ausreichend Wasser ca. 30 Minuten bei maximal 80 °C ziehen lassen, nicht kochen.
6. Nach dem Brühen die Würste aus dem Topf nehmen, abtropfen und ausdampfen lassen. Über Nacht kühl stellen oder noch am selben Tag über mittlerer direkter Hitze (ca. 200 °C) auf dem Rost unter Wenden ca. 5 Minuten grillen.

Dazu serviert man Kartoffelsalat oder Sauerkraut und Senf. Als Getränk ein Bier.

SO GELINGT'S | DIE MISCHUNG MACHT'S **Dabei darauf achten, dass höchstens die Hälfte des Fleisches wirklich mager ist. Bei zu geringem Fettanteil werden die Würste nicht saftig genug. Das gilt insbesondere für Lammfleisch. Eine stärkere Würzung gleicht dabei den höheren Fettgehalt geschmacklich aus.**

SCHWEINEBRATEN

mariniert & geräuchert

DIESE TYPISCH BAYERISCHE SPEZIALITÄT MIT KNUSPRIGER KRUSTE BEKOMMT DURCH DAS RÄUCHERAROMA NOCH EINEN GANZ BESONDEREN PFIFF.

Zutaten für 4 Portionen

- 1,5 kg Schweinebraten mit Schwarte
- 8 Knoblauchzehen
- 4 Zweige Rosmarin
- 1–2 Flaschen dunkles Bier (Starkbier)
- 200 g Sellerie
- 2 Karotten
- 2 Zwiebeln
- 1 Stück (ca. 2 cm) Ingwer
- 2 EL Majoranblättchen
- 4 Handvoll Mesquiteholzchips
- Salz
- schwarzer Pfeffer aus der Mühle
- Paprikapulver
- 2 TL Kümmel
- kalte Butter zum Binden

Zeitbedarf

- 30 Minuten
- 1 Stunde marinieren
- 30 Minuten wässern
- 2 Stunden grillen

Grillunterlage

- Grillrost + Räucherbox

So geht's

1. Mit einem sehr scharfen Messer die Schwarte des Bratens rautenförmig einritzen und das Fleisch in eine Schale legen. 4 Knoblauchzehen andrücken und mit 2 gewaschenen, klein gezupften Rosmarinzweigen dazugeben. 1 Flasche Bier darübergießen und 1 Stunde marinieren.
2. In der Zwischenzeit Sellerie, Karotten und Zwiebeln schälen und in Würfel schneiden. In eine Bratform legen. Ingwer schälen und sehr fein würfeln. Die Majoranblättchen waschen, trocken tupfen und fein hacken. Die Holzchips 30 Minuten wässern.
3. Den Braten aus der Marinade nehmen und trocken tupfen. Die Marinade über das Gemüse in die Bratform gießen. Die restlichen Knoblauchzehen andrücken, mit dem übrigen Rosmarin dazugeben. Das Fleisch rundum mit Salz, Pfeffer, Paprikapulver, Ingwer, Kümmel und Majoran einreiben [→a].
4. Den Grill auf mittlere indirekte Hitze (ca. 180 °C) vorheizen. Die Räucherbox mit der Hälfte der Holzchips füllen und auf den Grill stellen. Wenn nach wenigen Minuten heller Rauch entsteht, die Bratform auf den Grill stellen. Darüber ein Grillgitter setzen, den Braten mit der Schwartenseite nach oben darauflegen. Den Grilldeckel schließen.
5. Nach 1 Stunde das Holz in der Räucherbox erneuern. Danach alle 15 Minuten den Braten mit der Biermischung aus der Bratform übergießen oder bepinseln. Kommt man durch das Grillgitter nicht an den Saft heran, einfach frisches Bier (mit Zimmertemperatur!) verwenden.
6. Nach ca. 2 Stunden mit einem Fleischthermometer prüfen, ob der Braten die optimale Kerntemperatur von 75 °C erreicht hat. Dann das Fleisch vom Grill nehmen und für 10 Minuten abgedeckt warm stellen. Die Flüssigkeit vom Gemüse abgießen und in einem Topf aufkochen. Die Sauce mit ein paar kalten Butterflocken leicht binden. Das Fleisch in Scheiben schneiden, mit der Sauce servieren.

Dazu passen Kartoffelknödel, Weißkrautsalat und ein dunkles Bier.

SO GELINGT'S | DAS BIER **Je süßer es ist, desto besser ist es für diesen Braten geeignet. Bayerische Biere mit hoher Stammwürze und dunkler Malzung ergeben den besten Geschmack. Norddeutsche Biere oder Pils sind zu herb, die bittere Note würde in das Fleisch übergehen.**

DAS IST *wirklich* WICHTIG

[a] SALZEN Während das Fleisch selbst nicht so stark gesalzen werden sollte, darf man in den Ritzen der Schwarte ruhig etwas großzügiger sein.

DAS IST *wirklich* WICHTIG

[a] BEWEGEN Normalerweise soll man Fleisch auf dem Grill nicht ständig bewegen, da es sonst leicht am Rost hängen bleiben kann. Bei diesem besonders dicken Steak allerdings ist das Bewegen sogar ein Muss, damit es auch gleichmäßig gart.

[a]

BISTECCA FIORENTINA *mit weißen Bohnen*

DAS GROSSE PORTERHOUSE-STEAK, DAS MAN FÜR DIESE TOSKANISCHE SPEZIALITÄT VERWENDET, BRAUCHT BESONDERE AUFMERKSAMKEIT BEIM GRILLEN.

Zutaten für 4 Portionen

- 300 g weiße Bohnen (Cannellinibohnen)
- Salz
- 4 Knoblauchzehen
- 10 Salbeiblätter
- 2 Porterhouse-Steaks à 1 kg (sehr gut abgehangen)
- grobes Meersalz
- schwarzer Pfeffer aus der Mühle
- 6 EL Olivenöl
- 5 Tomaten
- 1 rote Zwiebel
- 2 EL Balsamico
- 1 Prise Zucker
- Olivenöl für die Bohnen

Zeitbedarf

- 30 Minuten
- 40 Minuten garen
- ca. 25 Minuten grillen
- 12 Stunden einweichen

Grillunterlage

- Grillrost

So geht's

1. Bohnenkerne über Nacht in Wasser einweichen. Am nächsten Tag mit frischem Salzwasser bedeckt in einem Topf zum Kochen bringen. Die Hitze reduzieren, die Bohnen dürfen nicht kochen, nur ganz sanft gar ziehen. Knoblauchzehen abziehen und fein hacken. Salbeiblätter waschen, trocken tupfen. Zu den Bohnen geben.
2. Die Steaks abspülen und trocken tupfen. Mit Meersalz und Pfeffer kräftig einreiben, mit 2 EL Öl bepinseln.
3. Den Grill auf starke Hitze (ca. 250 °C) vorheizen. Die Steaks abtropfen lassen, von jeder Seite über direkter Hitze 4 – 5 Minuten grillen, dabei öfter bewegen **[→a]**. Dann einzeln in Alufolie wickeln, damit kein Saft austreten kann. Am Rand des Grills über indirekter Hitze nachziehen lassen. Die Position des Fleisches mehrmals ändern. Bei einem Grill mit Deckel die Temperatur auf ca. 150 °C stellen. Hat das Fleisch an der dicksten Stelle eine Kerntemperatur von 60 °C erreicht (mit einem Fleischthermometer prüfen), dann ist es perfekt.
4. Tomaten waschen und in Scheiben schneiden, dabei den Stielansatz entfernen. Zwiebel abziehen und in Ringe schneiden. Aus restlichem Olivenöl, Essig, Salz, Pfeffer und Zucker ein Dressing rühren. Über Tomaten und Zwiebeln geben, kurz durchziehen lassen.
5. Die Bohnen abtropfen lassen, mit Salz, Pfeffer und etwas Olivenöl abschmecken. Das Fleisch vom Grill nehmen, 10 Minuten ruhen lassen, damit sich der Fleischsaft sammeln kann. Vom Knochen lösen, schräg in Streifen schneiden, mit Salz und Pfeffer nachwürzen. Wieder in der ursprünglichen Form an den Knochen legen, mit Bohnen und Salat servieren.

Dazu passt besonders gut ein Chianti Classico.

SO SCHMECKT'S AUCH | T-BONE-STEAKS **à 800 g mit grobem Meersalz einreiben, leicht einölen. Bei mittlerer Hitze (ca. 200 °C) und geschlossenem Deckel 3 Minuten grillen, dann um 90 Grad drehen (für das typische Muster). Nach 2 Minuten, wenn Blut auf der Oberseite austritt, wenden, auf der anderen Seite ca. 5 Minuten grillen. Gasgrill ausschalten, das Fleisch in einer kalten Gusspfanne bei geschlossenem Deckel ca. 15 Minuten nachziehen lassen (auf dem Holzkohlegrill 5 Minuten kürzer).**

REGISTER VON A–Z

THEMENREGISTER

KREATIVE VIELFALT

REGIONALER GENUSS
Die gute Wahl

Willkommen zu einer ganz neuen Frischeküche mit den **KOSMOS Kochbüchern**

Matthias F. Mangold
Salate
144 Seiten, 120 Abbildungen

→ Alle Titel je €/D 14,95

kosmos.de

LASSEN SIE SICH VERFÜHREN

Open-Air-Genuss für Frischluftfans und Schlemmermäuler

Rose Marie Donhauser
Draußen genießen
160 Seiten, 120 Abbildungen, €/D 19,95

Ob Brunch auf dem Balkon, Picknick im Grünen, Grillparty oder Sommerfest mit Freunden im Garten – es finden sich viele Anlässe, unter freiem Himmel zu schlemmen. Für alle Gelegenheiten hat Rose Marie Donhauser die geeigneten kulinarischen Begleiter zusammengestellt. Alle Rezepte sind unkompliziert, gut vorzubereiten und immer stehen erntefrische Zutaten im Mittelpunkt. Zusätzliche Tipps und Tricks für die Planung und Vorbereitung sorgen dafür, dass dem entspannten Genuss mit Familie und Freunden nichts im Wege steht.

AKTEURE

Matthias F. Mangold geborener Franke, angelernter Schwabe, gefühlter Kalifornier, hat, nach Münchner Zwischenjahren, seine Genussheimat in der Pfalz gefunden. Der Journalist, studierter Philosoph und Historiker, gründete 2003 sein Unternehmen „genusstur".
In seinem 300 Jahre alten Anwesen veranstaltet er Kochkurse, Weinseminare und kulinarische Firmen-Incentives. Er ist Mitglied in vielen Verkostungsjurys, hat mehrere Kochbücher und Weinführer veröffentlicht und steht für eine bodenständige, aber stets überraschende Küche mit Ausflügen ins Mediterrane und Asiatische.
www.genusstur.de

Manuela Rüther ist gelernte Köchin und Patissière und kochte sich nach dem Abitur durch Sterneküchen in Berlin, Wuppertal, der Pfalz und Köln. Nach dem Studium der Medienwissenschaften und Praktika in Foodzeitschriften-Redaktionen machte die passionierte Fotografin ihr langjähriges Hobby zum Beruf. Seit 2008 arbeitet sie als selbstständige Fotografin und Autorin in Köln. Ihre Bilder, Geschichten und Rezepte erscheinen regelmäßig in Magazinen und Kochbüchern. Für Ihre Fotostrecke „Schwein und Mensch" gewann sie 2010 den „Food Feature Award" beim Internationalen Foodphotofestival in Tarragona.
www.elaruether.de

Thomas Epping hat beim Fotografieren assistiert. Für das Styling war **Anja Boeffel** zuständig. Für das Foodstyling bekam Manuela Rüther Unterstützung von **Christine Evoda.**

Dank für die Unterstützung bei diesem Buchprojekts geht an:

Fritz und Stephan Lampen
Andreas Rüther
Maria und Toni Hämmerle/Bauernhof Hämmerle, Allgäu
Walter Knopf und Sylvia
Christine Röhr, Der junge Garten, Köln
ASA Selection GmbH
Landmann Holding GmbH & Co. KG

IMPRESSUM

Mit 125 Farbfotos von Manuela Rüther

Umschlaggestaltung von
Gramisci Editorialdesign, München
unter Verwendung eines Fotos von
Manuela Rüther

Rezepte, Geling-Tipps, Infos zum KOSMOS-Kochbuch-Programm und vieles mehr unter
kosmos.de/gut-gekocht

Unser gesamtes lieferbares Programm und viele weitere Informationen zu unseren Büchern, Spielen, Experimentierkästen, DVDs, Autoren und Aktivitäten finden Sie unter
kosmos.de

Gedruckt auf chlorfrei gebleichtem Papier

ISBN 978-3-440-13464-1
Projektleitung und Lektorat: Dr. Eva Eckstein
Gestaltungskonzept und Layout:
Gramisci Editorialdesign, München
Satz: Cordula Schaaf, Grafik-Design, München
Produktion: Eva Schmidt
Printed in Germany / Imprimé en Allemagne

FSC www.fsc.org
MIX
Papier aus verantwortungsvollen Quellen
FSC® C004592